国学关键词著述

信义与追求

韩德民 主编　张树国 著

北京联合出版公司
Beijing United Publishing Co.,Ltd.

目 录

引言

信义在中国人的精神世界中占有重要地位，是人立身处世的根本，体现为人与人交往的准则，是社会伦理的重要方面。本书从多种角度透视信义作为社会伦理和交往理论在中国人心目中的地位。

“信义”具有多种含义，从造字初意来看，它是由“人”与“言”组成，是遵守诺言的意思，即《公羊传》所说的“约言为信”（襄公二十七年）；体现在人的前后行为上，就是始终如一，不为利动，不为患改；体现在治民之术上，使老百姓相信统治者的权威……“信”作为与人交往的准则，一直为人所恪守，围绕着这一价值观念，人们发展了许多思想，如“杀身成仁”“舍生取义”“轻诺必寡信”“士为知己者死”等。

信义作为儒家的“五伦”之一，有别于“孝义”这一家庭伦理，同时也有别于“忠义”这一政治伦理。它所强调的不是父子、兄弟、君臣、夫妇等方面的义务，而是着重在“朋友”这一伦，强调的是人们之间的社会联系和人的社会属性。社会是个万花筒，每个人都不是独立的存在。有人为了恪守信义，遵守诺言，不惜以牺牲生命做代价，如那些一诺千金的刺客和侠士；有人贪图个人利益，做着背信弃义的勾当；有人拘泥于“小信”和“私义”，只为了证实一下自己的勇敢，却不计较生命的本钱；有人为了实现存亡继绝的“大信”，为人排难解纷，席不暇暖，谱写了一曲曲壮烈的悲歌……可以说，围绕着“信义”这一价值观念，中国古人展现了独特的心态史。

许多宝贵的传统都在历史的长河中被冲洗掉了，比如说侠客传统，那种视死如归的豪迈精神，在西汉以后就很少见到了。人们变得过分珍重生命，不只老庄道家讲究“贵生”“重生”，儒家也强调个体生命的重要。而最富有侠义精神的墨家学派则早在战国后期就已经消亡了。促成这些传统消亡的原因，一方面是社会结构发生了巨大变动，原来的小国林立演变成了大一统的中央集权，人们的头脑不得不接受儒家这一占统治地位的思想的规范，人们不得不在一个稳定的结构中寻找自己的位置，过着平平淡淡的日子；另一方面，人们的生活总是越来越精致，人们的心灵越来越细腻，人们不再慷慨悲歌了，只是在诗文中偶尔发泄一下被压抑的感情。

时代毕竟在前进，古老的信义观随着时代的演进也在不断地更新着内容。但正像董仲舒在“天人三策”中所说“天不变，道亦不变”，这个“道”如果我们理解为是人们社会生活的基本价值，那么这种说法就是正确的。这个“道”在本书中体现为“信义”这一基本价值原则，是从原初社会始，一直延续到现在的“道”。《论语》中说“四海之内皆兄弟”，古代的“四海之内”是古人难以逾越的地理极限，而现在“四海”作为地理空间单位已经大大超越了古人的想象，“信义”在此体现为国际间政

信义：社会伦理

一　人伦之信

《易·困卦》彖辞说“有言不信，尚口乃穷”，是说占得此卦，要注意传言是否真实，而越是强辩越容易露出马脚。“人言”来自人的内心之诚则“信”。《易传·象传上·大有》说“信以发志”，意思是说只有从内心发出的言语才是可信的，反之，通过人的言语可以了解人的内心。所以孔子强调“人言”的重要，要求“修辞立其诚”，把“忠信”作为“进德修业”（《易·乾卦·文言》）的道德修养的手段。在这里儒家将“诚”与“辞”联系起来讲，意思是说“辞”的标准在于“诚”。“诚”一方面有真诚、符合内心情感的真实的意思，另一方面也有符合外在客观的真实的意思。《说文》说：“诚，信也。”“信”与“诚”在伦理学和人生哲学中是密切相关的两个概念。

在儒家学说中，“诚”和“信”同时也属于自然哲学的范畴。孔子曾说：“天何言哉？四时行焉，百物生焉，天何言哉？”在古人看来，“天”是最讲“信用”的，太阳晨出暮落，四时有规律地运行，这些都是天道“诚”的表现。所以《中庸》说：“诚者天之道也。诚之者人之道也。”“诚之者”的意思是“择善而固执之者也”。言人效法天之道，择其善端而作为人世的规则。郑玄注说：“言诚者天性也，诚之者，学而诚之者也。”“诚”与“信”在宋儒学说中有区别，《朱子语类》卷六“仁义礼智等名义”中记载朱子回答门人关于“诚”与“信”的问题，说：“诚是个自然之实，信是个人所为之实。《中庸》说：‘诚者天之道也’，便是诚，若‘诚之者人之道也’，便是信。信不足以尽诚，犹爱不足以尽仁。上是，下不是。”天道的诚信不是本文探讨的命题，本文着重探讨的是人道的“信”。

儒家非常注重道德品性的培养，同时也形成了一套理论和方法。在《论语》中，多次记载了孔门弟子曾参的言行，如阐释夫子之道为“忠恕”“吾日三省吾身”，等等，所以司马迁叙述有名的仲尼弟子的事迹时，将曾参归入“德行”类。（《史记·仲尼弟子列传》）在《韩非子·外储说》中记载了“曾子杀彘（猪）”的典故，这个故事是说，曾子的妻子准备到市场去买东西，小儿哭嚷着要跟着去，于是曾子妻诳他说：“你回去，等我回来杀猪给你吃肉。”等她回来一看，曾子果然将猪捆绑，就要动刀宰杀了，于是急忙劝止他说：“我刚才是跟小儿开个玩笑。”可曾子说：“跟孩子是不能随便开玩笑的，孩子的知识有赖于父母传授给他。如果你欺骗他，那就是教儿欺骗之术，母子相欺，这样下去就危险了。”韩非借用这个典故是来说明法家的主张，像曾子杀彘是为了教育孩子从小诚实守信，属于“小信”，而对老百姓赏罚分明，使老百姓相信法律的权威，这是“大信”。这一典故说明道德培养不是儿戏，撒谎与讲信用这种道德上的分野实际上就是从这些微不足道的小事上逐渐形成的。

“信”除了有“忠于诺言”的意思以外，还指朋友之间的相互救助。《易·系辞》解释“自天佑之，吉无不利”之语，引孔子的话说：“佑者，助也，天之所助者，顺也，人之所助者，信也。”人若践履信义一定要效法天之道，所以是“履信思乎顺”。《易·系辞》中说：“二人同心，其利断金。同心之言，其臭如兰。”这是对同人卦的解释，是说二人如果同心一意，其锋利能断截金这类坚硬的物质。同心朋友的言语如兰花之芳馥，而不像那些小人之党只讲利害二字。这是历史上广泛流传的两句话。由这种相互救助的意义自然引申出古代的“报恩”“报仇”思想，这也是信义的一种表现形式。古人说：“无言不酬，无德不报。”《诗经》中说：“投我以木瓜，报之以琼琚。匪报也，永以为好也。”从原诗来说，似是一首情诗，但古代人们经常用来形容朋友之间的友好往来、患难相扶、荣辱与共。

在《史记·淮阴侯列传》中记载了韩信的故事。韩信本来投靠了项羽，但项羽不会用，只让他做了一个执戟卫士。后来韩信投靠刘邦，刘邦拜他为大将，多次打败项羽。当时他的实力已经可以与刘、项二位鼎足而三。于是项羽派人游说韩信，希望他叛离刘邦，将天下三分。但是韩信回绝了项羽的“好意”，说：“我以前在项王帐下的时候，官不过郎中，位不过执戟。所以我才背楚归汉。汉王给我大将军印，对我言听计从，我背之不祥，即使死了也不改变我的想法。”谋士中有个叫蒯通的，是当时天下有名的辩士兼谋略家，他也看清了当时“三分”的形势，劝说韩信。但是韩信没有听从。后来项羽被灭，刘邦这时候也开始猜忌功臣，最后韩信成了权术的牺牲品。

张苍是汉初有名的人物，史称“韩信申军法，张苍为章程”。他曾经是秦朝的御史，后来投靠刘邦。犯罪当斩，脱衣趴在“斧质”之上。当时监斩官名叫王陵（后来在惠帝朝做丞相），看到张苍身体皮肤肥而白，像葫芦的瓤一样，知道不是一般人，于是就对刘邦说情，赦免了张苍的死罪。张苍非常感激王陵，发迹后把王陵当作父亲一般侍奉。后来他做了丞相，也一直照顾王陵夫人。

“信”既有“报恩”之意，也有“报仇”的意思。《礼记》中说：“父母之仇不共戴天，兄弟之仇不反兵，交游之仇不同国。”在古代，父母、兄弟、朋友是人在家庭、社会中最为密切的关系。《礼记》中还保留着颇为原始的“血亲复仇”的内容，并为当时社会的习惯法所允许。据《东观汉记》记载：

> 郅恽之友董子张父及叔为乡里盛氏一时所残害。子张病困将终，恽往候子张。子张视恽，歔欷不能言，恽曰：“吾知子不悲天命长短，而痛仇不复也。”恽即起，将客遮仇人，取其头以示子张。子张见而气绝。

这是一个典型的“交游之仇不同国”的故事，子张有父仇而不能报，他不想带着遗憾饮恨九泉，于是托好友郅恽报仇，而郅恽也不辱使命，替快死了的子张杀了仇人，了却一桩心事。

“信”还指人的行为前后一致。大凡人处于世上，总有一些穷富利达的变迁，繁华和憔悴的更迭，当人处繁华之境时，自然将憔悴时的窘迫有意遗忘。当农民起义的领袖陈胜躬耕垄亩的时候，他曾仰天长叹说出“苟富贵，无相忘”这样的千古名言，但一旦发迹以后，尽管是暂时的，他也迫不及待地掩藏起自己低贱的出身，将深知这句名言的“布衣之交”杀戮殆尽。古人说：“布衣之交不可忘，糟糠之妻不下堂。”强调的是人的行为要保持前后一致的美德。

《易·坎卦》彖辞说：占得“坎”卦，是“重险也”，要求“行险而不失其信”，要坚定自己的信心，要“刚中”，不要因为遇到险境就轻率地改变自己的言行，这样才能“往有功”。据《华阳国志》记载，刘备、关羽、张飞在徐州被曹操打败失散，消息彼此不通，关羽投降了曹操。有一天，曹操看到关羽神情不安，于是派张辽前去了解。这时候关羽说：“我知道曹公待我厚，但是刘将军对我的恩德更厚，誓同生死，不可背之。我将来一定要为曹公立功，来报答曹公的恩德。”曹操知道以后，送给了他很多金银宝器、美女仆役之类，想用“糖衣炮弹”来收买他，但关羽不为所动。后来袁军大将颜良进犯白马，关羽解围，听到刘备消息以后，挂印封金，千里走单骑，与刘备会合。

在《世说新语·德行》中曾记载了这样一个故事。说汉桓帝时，颍川人荀巨伯出远门探望朋友的病情，正赶上胡贼攻打城池，友人对他说：“我现在快死了，你赶快离开吧。”巨伯回答说：“我特地远来看你的病情，你却让我离开，使我违背信义来求得生存，这哪是我应做的呢？”这时候，胡兵已经打到城中来，对巨伯说：“大军来到，一郡尽空，你是干什么的，竟敢独自留在这里？”巨伯回答说：“友人有病，不忍离开，宁愿以我的生命来换取友人的生命。”这些胡贼们说：“我辈是无义之人，却到了讲究信义的国家。”于是班师而退。荀巨伯以他的行为保全了一郡的百姓。

同书记载“华歆王朗”的故事也很说明问题。华歆、王朗都是三国时代的名士，两人有次一起乘船避难，这时有一人想要搭乘一起逃离，华歆不同意，而王朗认为船舱还比较宽敞，于是同意此人上船。但不久“贼”就追上来了。这时王朗却害怕了，准备放弃此人。而华歆认为，当初之所以不同意，就是因为怕他给自己带来麻烦，而现在危急时刻既然来到了，怎么可以落井下石呢？最终没有抛弃这位不幸的搭乘者。而华、王二人品行的高低也就很容易判断出来了。相比较而言，王朗见识比较短浅，不能预见随时可能发生的危险，并且遇到危险以后，又不顾信义，只顾自己逃命，不管他人死活。而华歆考虑问题既长远，又能在危急时刻表现出风度，自然赢得人们的赞美。

二　范张鸡黍

在《后汉书·独行列传》中记载了一些特立独行之士，其中比较有名的是“范张鸡黍”的故事。“范”名叫范式，字巨卿；“张”名叫张劭，字元伯。一个家住山阳，一个家住汝南，其间相距千里。两人曾是太学同学，情同手足。后来两人离开太学，各自归家，临歧相约，待两年以后，范式到张劭庄上，应约“鸡黍会”。两年很快到了，这天，张劭准备好鸡黍盛宴等待范式，三更时分，范式终于来到，于是二人“升堂拜饮，尽欢而别”。后来元伯以疾卒，范式梦见元伯病亡，于是千里命驾，为张劭操办丧事，尽哀而罢。

“范张鸡黍”是古代有名的历史故事，在流传中有不同的版本。比如元代宫大用写的《死生交范张鸡黍》杂剧，是以范式作为主角“正末”来写的，剧中的范、张二人感慨朝廷昏庸，决计退归田里，临歧相约鸡黍会。杂剧中有一个丑角王仲略，不学无术，靠别人的万言长策谋得官做，剧中有他们的对话，王仲略问范式将要去哪里：

〔正末云〕前岁约定元伯庄上赴会去。〔王仲略云〕哥哥你馋嘴，为那一只鸡、半碗饭、几盅酒，如今要走一千里路呢。〔正末云〕大丈夫岂为吃饭饮酒而已，大刚来则是一个“信”字。〔唱〕想为人怎敢言而无信。〔王仲略云〕哥哥，为人不要老实，还是说几句谎好。就失信便怎地。〔正末云〕大丈夫若失信了啊〔唱〕枉了咱顶天立地束发冠巾。

于是二人来到张劭庄上，饮酒甚欢。后来张劭病死，托梦给范式，于是范又千里迢迢赶到汝阳为张劭送葬。

但这个故事在明代通俗作家冯梦龙那里是另一个版本。《古今小说》第十六卷《范巨卿鸡黍死生交》一文记载了二人的故事。大略谓张劭上洛阳赶考，在旅店中遇到一个秀才害了时症，于是请医调治使其痊愈。此人就是范式，两人结为兄弟。后来同游洛阳半年，分别归家，相约两年以后重阳节那一天在张劭庄上举行“鸡黍会”。但是因范忙于经商，忘了日期，等到重阳来临、豁然记起的时候，已经来不及赶到汝阳了。于是范自刎而死，托梦到汝阳，来赴“鸡黍会”。而张劭感激范式的信义，于是千里治装，赶赴山阳，安葬了范式，最后在范式墓前也自刎而死，两人合葬。当地人在墓旁建祠堂，号“信义之祠”，墓号“信义之墓”。

这个故事出现在通俗文艺作品中还有一层深意，它反映了古代中国老百姓对范张故事的看法，本来是完全人间化的故事，但后来在流传、演变中借助了灵魂、梦境等超现实的形式。这不只是通俗作家常用的手法，同时也客观地反映了当时人们的接受心理。

在《独行列传》中还记载了另一个侠义故事。说书生王纯到京师求学，在客舍中见一书生卧病在床，于是询问病情。书生说：“我刚到洛阳，就得了这样的病，恐怕不久于人世了。我的腰中有金十斤，愿意赠给您，死后替我收葬。”未来得及问姓名，书生就去世了。于是王纯卖金一斤，替书生物色墓地，买棺材安葬。剩下的钱重新放回书生腰间，没人知道。后来也是因为某种“神意”，王纯邂逅书生的父亲，才将书生死事报与其知道。中国古人普遍相信因果报应，做善事冥界报之以福，恶事则报之以祸。正史里这样写，通俗作家这样说，实际上许多忠孝节义的故事正是这些通俗作家“告诉”老百姓的，他们的作品实际上也是社会教育的最好课本。

三 古代的“友道”

古人的“友道”有“君子”与“小人”的区别。“君子”一般是指有德者或有位者，当“有位”的时候，是贵族阶级的一员，这是就物质的层面而说的。同时也兼指具有贵族气质的人物，这是就精神层面来说的。因为这些君子生活在当时权力的中心，对国家的政治和命运有庄严的使命感，《易传》中说：“同声相应，同气相求。”古书中说：“物以类聚，人以群分。”君子结交往往出于高尚的目的，而“小人”出身既不高贵，其立身处世又没有一定的原则，往往为利益所驱使，所以“小人”之间的交情往往为人所不齿。欧阳修《朋党论》干脆就说：“小人无朋，唯君子则有之。”

《礼记》中说：“君子之接如水，小人之接如醴。君子淡以成，小人甘以坏。”君子之间的交往是以原则为基础的，而不像小人之间以原则做交易。君子尚“神交”，注意保持距离，说话讲究分寸。“小人”尚“言辞”，说话亲昵，善于谄媚。这在古代是广为人知的名言，直到现在还流传着。孔子在《论语·季氏》中说：有益的朋友有三种，有害的朋友也有三种。同正直的人交友，同讲究信义的人交友，同见闻广博的人交友，便有益了；如果同专会谄媚奉承的人交友，同当面恭维背后毁谤的人交友，同夸夸其谈的人交友，便有害了。在选择朋友时，古人有很多经验之谈，如汉代刘歆说：“夫交接者，人道之本始，纪纲之大要，名由之成，事由之立。”朋友之间如“唇齿之相济”，一荣俱荣，一损俱损。所以古人慎于择友。

古代衡量人物的标准首先是看其是否恪守传统道德，如仁义礼智信，其次注重人的风神、气度、格调，等等。《大戴礼记》中说，与君子在一起交游，就好像进入长满兰花的温室一样，久而不闻其香，原因是自己已经被“潜移默化”了。《荀子·劝学》中说：“蓬生麻中，不扶而直。白沙在涅（泥），与之俱黑。”三国时代的谯周说，交友之道，就好像染丝，染上红色就红，染上青色就青，谁也摆脱不掉彼此之间的相互影响。但如何维护这种长远持久的朋友关系呢？《庄子》中说：“凡交近必相靡以信。”意思是说，只有靠“信”才能使其永久，轻诺寡信永远不会有真正的朋友。《新序·杂事五》中有这样一条记载，说楚国有一个善于相面的术士，算命非常准。人问其故，他说：“我不是善相面，而善于看人所结交的朋友。如果是老百姓，他结交的人如果都是讲究孝悌、忠诚老实、害怕法令的人物，那么他的家一定会兴旺，这就是‘吉人’。如果他是做官者，所结交的都是诚信好善之人，那么官职一定会得到升迁，这就是‘吉士’。”

在《史记》中有张耳、陈馀的合传，两人都是魏都大梁（今河南开封）人，张耳年长，陈馀父事之，两人为“刎颈之交”。陈涉起义以后，双双投靠陈涉，做了义军将领。北下赵地三十余城。后来张耳与赵王在巨鹿被秦朝大将章邯围困，形势非常危急，可是陈馀手握精兵数万，按兵不动。于是张耳派使者责备陈馀说：“以前我与你是刎颈之交，而现在我们处于生死存亡的关头，你却按兵不动。如果你真守信用的话，为何不率军与秦军作战，也许还能成功。”但陈馀说：“即使我率军前去，也只能白白送死。

我所以不同您一起死，是为了将来给您报仇。”后来项羽率领楚军救赵，打败了秦军。但张耳、陈馀从此以后成了仇敌。

后来张耳投靠了刘邦，陈馀做了赵王的相国。楚汉相争之时，汉王刘邦要求陈馀帮助攻击项羽，陈馀说：“只要汉王杀了张耳，以头做见面礼，那么我就出兵。”于是刘邦找到一位容貌像张耳的人把他杀了，将头送给陈馀。于是陈馀出兵，打败了项羽。不久，陈馀就发觉这是一个诡计，于是又背叛了汉王。后来张耳跟从韩信，在井陉之战中打败了陈馀的二十万人，陈馀也在战斗中被杀身死。汉王立张耳为赵王。太史公在《张耳陈馀列传》中评论说：

> 太史公曰：张耳、陈馀，世传所称贤者；其宾客厮役，莫非天下俊桀，所居国无不取卿相者。然张耳、陈馀始居约时，相然信以死，岂顾问哉！及据国争权，卒相灭亡，何向者相慕用之诚，后相倍之戾也！岂非以势利交哉？名誉虽高，宾客虽盛，所由殆与太伯、延陵季子异矣。

这段话是说，张耳、陈馀是世间传说中所谓贤明的人，他们的宾客和仆从，没有不是天下俊杰的，他们在诸侯国里一般都担任卿、相之类的高官。但张耳、陈馀两人在贫贱时，讲究信义，以死相约，哪会有首鼠两端的事呢！等到他们被封为卿、相，却互相图谋。为什么以前互相倾慕，而后互相仇视到这种地步？文中所说的“太伯”相传是周部族首领古公亶父的长子，听说老国王要将王位传给自己的三弟，于是就主动让国，来到当时的东方。“延陵季子”名叫季札，是春秋时代吴国的贵公子。当时吴国王位兄弟相承，但是季札却没有接受王位。司马迁在这里引用这两位古代贤人的故事，意在说明像张耳、陈馀这样的“友谊”恐怕是属于民间所说的“势利之交”吧。当他们二人在贫贱时，立下生死誓言，虽死不顾，可是一到“据国争权”时，就不顾以前的友情，互相残杀，所以司马迁看不起这样的势利小人。

四 信义与权术

在春秋史上，郑国立国相对较晚。当西周末年的丧乱尚未到来之时，郑国国君桓公向当时的史官史伯请教何处可以立国的问题，于是史伯告诉他中原虢、郐一带可以立国。原因是这两地国君非常贪婪，没有远虑。于是桓公就将家属分散为十处，寄居在这两个国家。后来桓公准备讨伐郐国，出兵以前，先探知郐国才能出众的文臣武将，列出名单，声明一旦打下郐国，就将其土地分给他们。随后，他在城外筑坛，将名单埋在坛下，对天盟誓，永不负约。郐国国君知道了，怀疑自己的大臣叛变了，于是将他们全部杀死。这样，郑桓公就乘虚而入，没费多大力气就占领了这个国家。这一“权术对贪婪的胜利”是采用了兵法中有名的计策“反间计”，利用敌方的猜忌心理来达到自己的目的。

春秋时期的晋国是当时北方诸侯国的盟主，它一方面享受着小国的贡赋，有保护小国的责任；另一方面却又在觊觎小国的财富，找小国的麻烦。“盟主”和“盟员”的关系相当微妙。有一年，中原郑国的天文学家预测该年夏季大火星（心星）出现以后，中原列国如宋、陈、郑等国将要发生大火灾。于是郑国的执政者子产就赶快做好准备，预防可能发生的灾祸。果然，大火如期而至，但郑国有备，损失最小。北方的晋国早就做好了趁火打劫的准备，而子产早有防备，当火燃起之际，他亲自巡察边城的防务，将军队集结在边境之上。这时候，晋国一看没有机会，就发书给子产说："贵国发生火灾，这也是寡君的忧患。可是你却在边境驻扎军队，对盟主有二心。请贵国对此做出解释。"子产说："小国无罪，恃实其罪。"意思是说，小国虽然无罪可做讨伐的借口，但是一味依赖别人，那样才是真正的罪过。其言外之意是，如果只依赖大国的所谓"信义"，那么万一给国家带来灾难怎么办？如果真是那样的话，才是真正的大罪。

在古代，人们习惯上用阴、阳这两个概念来解说一些现象，比如信义是属于人们应该遵守的普遍原则，属"阳"，而权术则属于"阴"，它隐藏在人们的心理"暗处"，无人能够预测。《易传》中说："知几其神乎？"意思是说，能够洞察人的心理深处或者事物的最精微的部分，恐怕和神差不多了吧？韩非对老子学说深有会心，倡导"法、术、势"来加强君主的神圣不可侵犯。"法"是法律，主要目的是治民，公布在竹简或铸在刑鼎之上，属于"阳"；而"术"是"君"驾驭"臣"的方法，是种种阴谋诡计，是秘而不宣的，属于"阴"。唯其如此，才能造就帝王之神圣与神秘。韩非在《说难》中说："夫龙之为虫也，柔可狎而骑也；然其喉下有逆鳞径尺，若人有婴之者，则必杀人。人主亦有逆鳞，说者能无婴人主之逆鳞，则几矣。"大意是说，"龙"这种"虫"的特性是它温顺的时候，你尽可以同它游戏甚至骑上它；但是你要注意，它的喉咙之下有一尺多宽的"逆鳞"

（即倒长着的鳞），你一旦碰上的话，它一定会杀人。人间的国君和“龙”一样拥有这块“逆鳞”，如果你作为一个说客，希望说服某位国君，能够不碰上这块“逆鳞”，那么就有希望了。韩非反复强调说服别人是一件困难的事情，原因是你根本不知道他的“逆鳞”究竟在哪里，一不小心触犯了忌讳，糊里糊涂就做了个冤死鬼。至于“势”则是君主不能丧失自己的权势，如果没有“势”，“阴”“阳”之术都没法推行。在其大著《韩非子》中，集中了许多“阴”“阳”之术。

民国时期，四川成都有一位民间思想家，名叫李宗吾，他经常出入于茶坊酒肆，和一些闲人神聊古今中外、人物得失。有一天他忽发奇想，将一些用于神侃的资料加以整理，命名为“厚黑学”，他自己自封为“厚黑教主”，扬言要建立“厚黑学校”以传播“厚黑教义”。据他自己说，“厚黑学”的主要精义是“传播脸厚心黑的学问”，具体说来，要“心黑如锅底，脸厚如城墙”。他认为“西楚霸王”项羽的失败在于他的“厚黑学”没有学到家，他能在一次欺骗性的杀戮中坑杀二十万秦国的降兵，但却不忍在鸿门宴上轻而易举地杀掉他后来的劲敌刘邦。项羽认为这样做是违反信义的行为，既然违反信义，那就是“不仁”，不合乎古代的道德，从而铸成了大错；而刘邦在鸿门宴上低声下气地讨好项羽，借如厕侥幸脱身，是因为他“脸厚”。后来在长期对抗中，刘邦占据了上风，却一定要对项羽斩草除根不可，明明双方已经议和罢兵，割鸿沟为界，但刘邦此时认为“天与弗取，反受其咎”，派兵追杀。打败了项羽以后，杀戮功臣，则又暴露了他的“心黑”和忘恩负义。可以说，李氏的这一“厚黑学”在一定程度上揭露了所谓政治家的“黑匣子”。中国古代许多成语都反映了政治的凶险，如“笑里藏刀”“口蜜腹剑”（这两个成语用意大致相同，都是说表面上用笑容和甜蜜的话语迷惑对方，而暗地里却做着见不得人的勾当）和“明修栈道，暗度陈仓”（表面上一套，背地里又一套），等等。

所以不难理解，当秦国大将白起因一系列大功被封为武安君以后，等待他的是“赐死”的符信；当韩信为汉朝的建立屡建奇功的时候，一个罪恶的计划已经酝酿成熟了，一旦天下一统，他也就身首分离；当徐达、常遇春这些将领驱逐元朝统治者，为朱元璋建立明朝浴血奋战，天下统一之后，也触犯了皇帝的大忌……中国历史上这类事件非常多，战国时代的陈轸曾说：“建立大功以后，无法遍赏，于是只能找你的麻烦，以法诛之。”古代有“功高震主”“伴君如伴虎”之说，是比较精确的概括。

五　信义：社会伦理

《孟子·滕文公上》中说：“杨子为我，是无君也；墨氏兼爱，是无父也。无父无君，是禽兽也。”“杨子”是杨朱，他的哲学思想一般来说是利己主义的，其名言是：“拔一毛而利天下，不为也。”意思是即使拔下我腿上的一根汗毛对天下有利，我也不做。杨朱是属于道家一派的人物，这一派的思想比较强调生命的重要，主张“贵生”或“贵身”，认为放弃生命或者说冒着生命危险去追求名誉、地位和利益是愚蠢的。老子曾经说：“吾所以有大患者，以吾有身也；及吾无身，有何患？”（《老子·十三章》）意思是说，我所以有大患，乃是因为我有这个身体，假使我没有这个身体，那么我有什么大患呢？所以道家告诉人们要珍惜生命，因为在世间万物之中，只有生命是最可宝贵的。

杨朱所秉承的也是这派思想，但是他的思想在先秦时代已经很少保留，只是留下一些片言只语。到魏晋时代出现的《列子》一书，中间有《杨朱》一篇，虽不可完全视为杨朱的思想，但也可以看作杨朱思想在魏晋时的发展。书中有一段对话：

杨朱说："伯成子高不肯拔一毛而有利于他人，因此舍弃王位，隐居耕田。大禹不愿为自身谋利，因此劳累过度，半身偏瘫。古人损伤自己的一根毫毛来有利于天下是不干的，而让天下来奉养他一人也是不取的。人人都不损伤一根毫毛，人人都不利于天下，那么天下就太平了。"

禽滑釐问杨朱说："拔去你身上的一根毫毛来救助世道，你愿干吗？"

杨朱回答："世道本来就不是一根毫毛所能救助得了的。"

禽滑釐说："假设可以救助，你愿干吗？"杨朱不理睬他。禽滑釐出门告诉了孟孙阳，孟孙阳说："你不理会先生的用心，我和你谈谈吧。有人给你万斤黄金损害你的肌肤，你愿干吗？"

禽滑釐回答："愿意。"

孟孙阳又问："有人砍断你一段肢体给你一个国家，你愿干吗？"

> 禽滑釐一言不发。孟孙阳接着说："一根毫毛轻于肌肤，肌肤又轻于一段肢体，这是很明白的。但肌肤是由一根根毫毛组成的，肢体又是由一块块肌肤构成的，一根毫毛固然只是身体的万分之一，但难道可以轻视它吗？"
>
> 禽滑釐说："我没有什么话可回答你。但你拿这番言论去问老聃、关尹，那么你的话是正确的。拿我的这番言论去问大禹、墨翟，那么我的话又是正确的了。"[①]

有人说杨朱是极端利己主义者，但与其他利己主义者不同的是，杨朱在强调利己的同时，也反对"损人"，他说："智之所贵，存我为贵。力之所贱，侵物为贱。"但是人是否真能做到不拔一毫毛，也不利天下，从而使天下大治呢？显然是不可能的。人在生活中总是要与他人交往，交换劳动产品和生活用品，等等。如果没有这些欲求的话，就只能将生活要求降到最低点，从而倒向禁欲主义。同时，人毕竟是社会中人，要承担一定的伦理义务，以使人们的交往变得和谐和稳定。

上文提到的禽滑釐是墨子的学生，自然与杨朱的思想针锋相对。墨家主张背弃讲究繁文缛节的"周道"（即周代的伦理政治），而崇尚俭朴的"夏政"。所以三过其门而不入的大禹自然是墨家所崇拜的对象。据说墨子在世时，给门徒立下许多规矩，同时创下"兼爱""非攻"等十大项目，后人认为这如同摩西的"十诫"。人们多认为墨子是典型的利他主义者，当有的弱小国

① 严北溟、严捷译注：《列子译注》，上海古籍出版社，1991 年版。

家受人攻击时，他可以千里迢迢奔去帮助守城，而不吝惜自己的生命；反对不义战争，认为凡是攻击别人的都是“不义”，强调“救守”；认为“爱人”不分“差等”，见人饥如己饥，见人溺如己溺，爱别人之父母如己之父母，等等。这些思想实际上是一种泛爱主义，所以自然为儒家、道家所反对。

从上述观点出发，可以看到杨、墨两家伦理观的大体区别。杨朱认为生命是属于一次性消费的短过程，除了生命之外没有什么超生命的价值存在，也就人为地割断了人与社会联系的纽带。事实上，道家在承认生命价值的同时，从来也没有把人的伦理属性作为这一学派的思考对象。既然不承认伦理属性，也就没有了对君王的“忠”这一层政治伦理；承认生命是“气”的物质运动，是从“无”到“有”又复归于“无”的过程（《庄子·秋水》），也就没有了“孝”这一层家庭血缘伦理；强调人与自然的亲近，不以一己之毫毛利天下，自然就不会有为朋友两肋插刀，路见不平、拔刀相助这样的事，也就没有了对朋友讲“信义”这一层。而墨家有鉴于宗法社会的种种弊端，人们的目光过分地集中在自己的宗族、子孙以及家世延续、生命不朽等方面，于是矫枉过正，将“信义”这层社会伦理作为自己的出发点，为实践诺言，反抗强暴，后期墨家还提倡为此信条赴汤蹈火，死不旋踵。所以《庄子·杂篇·天下》说墨家“真天下之好也……才士也夫”。

可以说，孟子批杨、墨确实抓住了问题的实质。儒家倡导仁、义、礼、智、信，强调人对君臣、父子、兄弟、夫妇、朋友这“五伦”的义务和责任，在古代社会属于比较健全的思想。比较杨朱的“为我”学说，儒家的“杀身成仁”“舍生取义”的学说，强调超生命的价值存在，确实比杨朱的生存境界要高一层。墨家学派类似于侠士的英烈行为，在孔子学说中，是作为“下士”的德行出现的，所谓“言必信，行必果”，“信近于义”。但在孟子学说中，则换了一种说法，“大人者，言不必信，行不必果，惟义所在”。侠客式的个人行为多是由于“私恩”，从而为别人所利用，所以他认为坚守信义要考虑到是否符合社会正义的因素。

贵族时代的道德

一　主人的道德观

在贵族社会中，贵族和庶民是互相依存的两个阶级，共同构成这一社会有机体的“胃”和“手”。据传说，公元前494年，罗马贵族梅涅尼·阿格利巴劝说举行起义并上圣山反抗贵族压迫的平民，要他们屈服。他向他们讲了一则人体各部分反对胃的寓言。他把当时的社会比作有生命的机体，平民是这个有机体的“手”，他们供养这个有机体的“胃”，即贵族。手和胃分离开就会引起生命机体的灭亡，同样，平民拒绝履行他们的义务，也等于古罗马国家的灭亡。[①]孟子说：

> 无君子莫治野人，无野人莫养君子。（《孟子·滕文公上》）

① 《马克思恩格斯全集》，第46卷上，第532页，注56。

孟子所说的“野人”是在田间劳动的人，同时也指没有文化的文盲。贵族与平民是两个不同的社会等级，贵族这些“君子”治理这些老百姓即“野人”，而“野人”只能以其体力劳动来供养这些“君子”，这就是社会分工中“劳心”与“劳力”的区别。孟子认为这就是“天下之通义”。古代贵族政治家强调两个不同等级相互依存、相互和谐的关系，而力图抹杀其对立和仇视。

关于周代初年创制的德治学说，顾颉刚曾作了一篇比较通俗的文章，大意是说周公鉴于夏商王朝短暂，认为天命是靠不住的，于是思考如何来保住王位。他考虑的结果是提出了一个“德”字。意思是心要放得端直，不要走向斜路。[1]“德”包含了对贵族社会政治秩序的规定，同时也规范了人们的伦理行为。除了“德”字外，周公又提出一个“敬”字。敬是警惕的意思，倡导谨慎言行与威仪，反对奢侈与安逸。具体来说，如果你是一个国君，就要有仁爱之心；如果是一个大臣，就要时刻谨慎，保持对人的尊敬；如果是人子，就要对长辈有孝敬的美德；作为人父，就要有慈爱之心；同别人交往，就要讲究信义。仁、敬、孝、慈、信是儒家学说的基本伦理道德规范，是部族经过漫长历史积淀而成的基本概念，是维系世道人心的纽带。

周代贵族政治的特点是通过完善贵族个人德行修养来造就政治上的清明之治。造就君子，一直是周代贵族教育的首要任务。在《论语》中说到“君子”共有104次，说到圣人的不过五

---

① 顾颉刚：《德治的创立和德治学说的开展》，《顾颉刚古史论文集》卷二，第465页，中华书局，1988年版。

条。对君子的要求，人们概括为仁、义、礼、智、信五条原则。据《郭店楚墓竹简·六德》记载："何谓六德？圣、智也，仁、义也，忠、信也。圣与智就矣，仁与义就矣，忠与信就矣。作礼乐，制刑法，教此民尔，使之有向也，非圣智者莫之能也。亲父子，和大臣，寝四邻之抵牾，非仁义者莫之能也。聚人民，任土地，足此民尔，生死之用，非忠信者莫之能也。君子不别，如道导人之。"[①]君子是集道德与文化于一身的人物，这种道德传统既是贵族统治秩序的保证，同时也是文明质量的重要保证。

《郭店楚墓竹简·忠信之道》记"君子"的"忠信之道"应该取法于天地："至忠如土，化物而不伐。至信如时，毕至而不结。"大地生养万物，四时不愆，是完全出于"自然"的，没有勉强和故意的成分，这就是"大忠"和"大信"。"大忠不说，大信不期。不说而足养者，地也。不期而可遇者，天也。似天地也者，忠信之谓此。"所以君子要使"忠""信"之心出于自然，言与行、心与貌要保持一致，同时不要出于某种目的故意施惠于百姓，来争取民众的欢心。"口惠而实弗从，君子弗言尔。心（疏而貌）亲，君子弗申尔。故行而争悦民，君子弗由也。三者，忠人弗作，信人弗为也。"[②]

贵族和平民百姓之间的"信"是双向的，一些统治者比较注重取信于民的道理，像孟子学说中常常提及"修其孝悌忠信"对

① 李零：《郭店竹简校读记》，陈鼓应主编：《道家文化研究》第十七辑，第517页，生活·读书·新知三联书店，1999年版。
② 李零：《郭店竹简校读记》，陈鼓应主编：《道家文化研究》第十七辑，第501—502页，生活·读书·新知三联书店，1999年版。

于政治以及战争中的作用。在孟子看来，只要这些精神因素处理好了，那么即使手拿木棒也可以和秦楚的“坚甲利兵”对抗。韩非反复强调对百姓和战士“信赏必罚”，来确立统治者的威信，培养老百姓对政治的信赖感。水能载舟，同时也能覆舟，谁能得到老百姓的拥护，谁的地位就越稳固。怎样来得到百姓的拥护呢？下面的故事就比较说明问题。

战国时代，齐国的孟尝君是当时有名的“养士大户”。有一次他对门客们说：“谁能够替我去我的封地薛收取地租？”他一个叫冯谖的门客，自告奋勇地说：“我去。”于是准备车马，来到薛地，在听取佃户长工们的诉苦后，就将债券、契约之类悉数烧毁，回去向孟尝君复命说：“您曾对我说，用收来的钱买一些我家没有的东西，现在我为您买来了‘义’。”孟尝君问：“义是什么？”冯谖回答：“现在您只有一个小小的封地薛，却不抚爱那里的百姓，万一有事，到哪里去托身呢？”孟尝君不高兴了，说：“先生休矣。”不久，齐国新王即位，不再任用孟尝君。当他回到薛地时，老百姓扶老携幼，相迎道中，于是孟尝君回头对冯谖说：“先生您为我买的‘义’，没曾想在今日见到了。”（《战国策·齐策》）

冯谖的“义”内涵比较丰富，可能是“信义”，也可能是“情义”，或者是贵族与老百姓之间的什么“大义”，但其用意显然，就是通过施舍一些恩惠来换取百姓对贵族阶级的信赖。与百姓的关系稳固了，那么自己在政治上的地位自然也就稳固了。我们看春秋末年、战国初年的一些大事，如鲁季氏逐君、田氏篡齐等，在很大程度上都是统治者先收买人心，然后才开始动手的。所以对贵族和平民百姓之间的“信义”，要采用分析的眼光来看。

二　古代的人质

在春秋史书中，郑国的国君庄公曾经被人们称为“小霸”。其祖先桓公因预感到周王室的必然衰落，听从当时著名的预言家史伯的建议，将封地从关中的华阴迁移到河南的两河流域（即溱、洧二水），灭了当地的小国，定都于新郑（今河南新郑）。到郑武公时，因护送王室东迁有功，所以一直担任王朝的卿士，后来又传位给他的儿子庄公。庄公属于老谋深算类型的人物，他清除了不安分的弟弟和帮忙作乱的母亲，又和周王室产生了尖锐的矛盾。《左传·隐公三年》记载说，郑武公、庄公相继作周平王的卿士（相当于后来的宰相），因为权力过大，所以周王有意分权给其他人。这一消息传出后，庄公开始怨恨周王。为了平息这一争端，双方达成协议，即“周郑交质”，“质”就是人质的意思，以人作为抵押品，这在春秋战国以后通行起来，却是以这件事开始的。于是周王太子来到郑国做人质，郑世子来到成周做人质。但是人质对于遏止争端并没有太大的约束力，就在人质交换以后，郑国的大夫率兵割取了成周附近的麦田，秋天又割取了成周附近的稻谷，两国的藩属关系至此荡然无存。

春秋史家评论这一事件说：“信不由衷，质无益也。”在古代汉语中，“信”是由“人”和“言”组成的，“衷”也就是“中”，指人的内心。这句话的意思是说，如果人的言论不是出于内心，就是以人做抵押，也是没有什么益处的。假使大家做事都出自诚心，同时以礼仪来约束自己，即使没有人质，谁又能从中挑拨离间呢？但这一人质事件在古代却有着颇为重大的意义，它标志着周代的君臣秩序正在解体，人们不愿意遵照旧的等级秩序了，社会渐渐失去了统治中心。同时这一事件本身也说明了古老的道德体系正在趋于解体，从此，人质交换成为春秋战国史上最为频繁的事件。

春秋时代，当时的大国晋（位置大部在今山西）和齐（今山东）两国在鞌地展开一场大战。战役起因很简单，晋国大夫郤克出使到齐国受到妇女的侮辱，出于荣誉，他发誓说："必报此仇！"战役的结果是齐以大败告终，不得已回到谈判桌上接受一些苛刻条件，其中一条是一定要以齐国国君的母亲来做人质，借此来侮辱齐国。这时候齐国的使者说："齐国和晋国是地位相当的大国，我们国君的母亲也应该是你们的母亲，如果以你们的母亲做人质的话，那么请问，你们心中又做何感想呢？"晋国大夫们自觉理亏，放弃了这一苛刻的条件。

当时做人质者大都是国君的公子，因为战争频繁，所以各国国君通常把庶出的儿子送到外国。但是人质并不能制止战争，一旦两国交战，那么双方的人质就首先成了发泄敌意的对象，所以这些人质在外国命运很是凄惨。如秦国质于邯郸的庶出公子子楚就是其中的一例，秦不断攻赵，子楚不为赵人礼遇，随时都有生命危险。多亏了濮阳商人吕不韦救了他，并使他当上了太子，后来又即位为国君。他为了报答不韦，竟要将秦国的一半分给他。

战国末期，燕国的太子丹曾与嬴政（即后来的秦始皇）一起在赵做人质，两人曾有一段交游。后来燕太子丹又在秦国做人质，而嬴政对他很不友好。秦国强大而燕国弱小，所以弱国的太子自然不被看在眼里。当时秦国的大军已经席卷天下，很快就要统一全国。这时候太子丹在别人的帮助下，逃回燕国，寻觅勇士，准备刺杀秦王。这就是历史上有名的“荆轲刺秦王”的故事，直到现在，仍然是人们感兴趣的话题。

可以说先秦时代信义观的演进大致经过了以下几个阶段：一是“信”的阶段，周天子做天下的“共主”，各国之间朝聘宴享，加强联络；二是“盟”的阶段，齐桓、晋文做天下的霸主，当时只是诸侯们会盟而已，但不“歃血”，不久就开始了“歃血而盟”，以取信神灵；三是“人质”阶段，人质的选择不拘一格，如上文晋国竟想让齐国的“国母”去做人质，但大部分是王室的公子；第四阶段仍然是人质阶段，但必须是“太子”或国君最喜欢的儿子，如《战国策·赵策》记载，赵国的太后刚刚执政，秦国发兵来攻，赵向齐求救，齐提出要求，“一定要让长安君（太后最喜欢的小儿子）做人质，齐才出兵”，太后不愿意，害得赵国老臣费了九牛二虎之力才做通了她的思想工作。在战国时代，许多国君都有做人质的经历，如秦始皇及其父子楚以及楚顷襄王等人。

三　轻诺必寡信

“轻诺必寡信”出于《老子》第六十三章，意思是说，那些轻易做出诺言的，必定很少能够兑现。这是老子对人生经验的总结。在日常生活中，人们常以是否遵循诺言作为人物评价的标准。在中国古代，不遵守诺言，人们往往称之为“小人”。孔子说：“人而无信，不知其可也。”意思是说，人如果说话办事不讲究信用，我不知道对他什么是合适的原则。信守诺言的人，人们往往称之为“君子”，所以有一些成语典故来形容诺言的重要，如“一言既出，驷马难追”（意思是说，既然做出诺言，那么即使驾驶最快的四匹马拉的车也难以追回，所以只有努力去实现这一诺言）、“一言九鼎”（形容诺言的分量像九鼎那样的沉重），等等。“鼎”是青铜时代的重器，相传夏禹铸造九鼎来象征中国当时地理区划“九州”，后来“九州”也就成了中国的代称。

尽管古代的贵族教育非常注重培养他们的“贵族性”，但人的心理是复杂的，有时人们为了达到某种目的，会很轻易地做出许诺，而一旦愿望实现，又会很轻易地背弃或有意遗忘。对于一国国君或者后来的皇帝来说，由于他们的特权地位，他们的言谈举止被人奉为“金口玉言”，一经说出，不容改变。所以历代王朝都备有一定数量的史官，来记录国君或皇帝的言行，如“帝王本纪”“起居注”之类。即使在儒家典籍如《礼记》这一相当理想化的文献中，也把“讲信修睦”作为原始共产社会的一个重要标准。所谓“讲信修睦”实际上是针对人与人的关系来说的，如果人与人之间的交往讲究和谐，遵守信用，那么世界上就没有了欺诈和虚伪，就真正成了太平盛世。不要忘记，社会越是污浊，越容易激起理想的火花，越是“缺德”的时代，越能激起人们对淳朴道德的向往。

在春秋时代，晋国曾经是当时首屈一指的大国，在献公时代，吞并了十七个小国，但后来晋国发生了内乱，太子被逼自杀，两位公子夷吾和重耳逃出国境。献公死后，夷吾为了得到秦国的帮助，向当时的秦国国君穆公做出许诺，一旦回到自己的国家，就准备将黄河边上的五座城池献给秦国。在秦国的帮助下，夷吾顺利回到晋国，做了国君。但是刚刚渡过黄河，马上就加强了河上五城的守备。当时人们形象地说是“朝济而夕设版焉”（意思是说，早晨渡河，晚上就加固城墙）。可是不久，晋国发生了大旱灾，饥民遍野，秦国这时候又伸出援助之手，运来大量粮食。第二年，秦国也发生了旱灾，这时候晋惠公却幸灾乐祸，还趁火打劫。于是秦穆公忍无可忍，两国之间终于在韩地爆发了一场大战。战役的结果是晋国大败，连晋惠公本人也做了秦国的俘虏。

当秦国向晋国请求援助而遭到拒绝的时候，晋国大夫庆郑说：“背弃别人的恩赐，那么就没有人再来亲近；幸灾乐祸，不合仁爱之心；使邻国发怒是不讲究信义；贪爱城池，不图报答，会给国家带来不祥。有这些不利因素，怎样来保住自己的国家呢？”庆郑的一席话也代表春秋史家的观点。信义不只是个人立身的根本，同时也是政治道德，作为治国安民的正道，在春秋史书中经常被强调。而对不奉周礼、不讲信义的国家，春秋史家习惯用诸如“虎狼之国”“封豕长蛇”（封，大也；豕，野猪）来加以形容。如周边少数民族国家“戎狄”通常被冠以“豺狼”的称谓，而对居住于江南潮湿之地的吴国（今江苏南部及浙江北部，都城在今苏州），则称之为“封豕长蛇”，表示轻蔑。

相比较来说，春秋时期的社会基本上还是一个讲求礼仪的社会，当时流传着许多动人的故事。如吴国的贤大夫季札是一个非常有名的人物。在他北上遍游中国（春秋时代的“中国”，实际上指的是黄河流域，长江以北）的时候，路过徐国，徐国国君非常喜爱季札的宝剑，却没有说出来。季札心知其意，但因为要出使各国，不好相赠（在古代，剑和玉是最能代表贵族身份的装饰）。待他出使归来，徐君已死，于是季札就将宝剑挂在树上，尽哀而去。当时的人作歌歌唱他的美德说：

延陵季子（指季札）兮不忘故，脱千金之剑兮带丘墓。

春秋时齐、鲁两个国家经常发生战争，有一次鲁国战败，齐向其索取当时的宝器岑鼎。这时候鲁国只好将一个假岑鼎送去，齐侯不信，派使者对鲁君说：“如果柳下惠认为是真的，那么我就接受。”柳下惠是当时有名的道德君子，于是鲁国国君就请求柳下惠代为“鉴定”一下。但是柳下惠回答说：“国君您的欲望是这个岑鼎，借此来免除对国家的损害。可是臣心中也有个‘国’，这个国就是‘信’，让我心中这个‘国’受伤害，来免除君主您的国家，这对我来说真是最困难的事。”鲁国国君只好将真的岑鼎送去，所以《新序》的作者评论说：“柳下惠可真是守信用的人，不只保存了自己的‘国’，同时也保存了鲁国。‘信’对人们来说，可真是太重要了。”（《新序·节士》第七）

齐桓公是“春秋五霸”中最有名的霸主，同时也是一个讲究信义的典范。在司马迁的《史记·刺客列传》中，记载了鲁国大将曹沫劫持齐桓公的故事：

曹沫是一个很有勇力的鲁国人，做鲁庄公的大将同齐国作战，三次被打得大败，丢了很多土地。后来齐、鲁两国在边境会晤，在特意搭建的祭坛上盟誓。这时候曹沫手持匕首冲到坛上，劫持齐桓公。桓公问他："你究竟想达到什么目的？"曹沫回答说："齐国强大而鲁国弱小，而大国对我们的侵害也太厉害了，希望大国归还我们的土地。"桓公答应了他。于是曹沫将匕首投在地上，走下坛去，回到自己的位置上。桓公非常恼怒，想要背弃刚才的盟誓。这时候大臣管仲对他说："不可。如果贪图小利而沾沾自喜，却背弃了与诸侯的信义，失去天下人心，这是不明智的。不如将土地还给鲁国。"于是桓公就将侵鲁之地归还。

在古代，像曹沫这样的行为人们称为"要盟"，"要"是"要挟"的意思，无论古今都属于犯罪行为。既然是"要挟"，不遵守诺言是合理的。《公羊传·庄公十三年》记载：庄公将会乎柯，曹子进曰："君之意何如？"庄公曰："寡人之生则不若死矣！"在古代"君辱臣死"是通行的道德，所以曹沫敢于冒着生命危险来挟持齐桓公。《公羊传》议论说："要盟可犯，而桓公不欺；曹子可仇，而桓公不怨。桓公之信著乎天下，自柯之盟始焉。"在《史记·管仲列传》也提到这一故事，说桓公不愿意遵守与曹沫的誓言，而管仲却善于因势利导使其遵守信义，诸侯从此以后尊齐国为霸主。《史记》评论说："知与之为取，政之宝也。"意思是说，了解"给予"也是一种"取得"的道理，这是处理政事的非常宝贵的经验。在以上的故事中，桓公虽然将夺取来的土地归还给鲁国，但是，他所取得的利益比这大得多。因为他得到了众多诸侯国的拥戴，同时也确立了讲究信义、不拘小节的大国风度。战国后期的燕国刺客荆轲也想仿效曹沫的英勇行为，但是他没有成功。即使他能够胁迫秦始皇说出“归还六国土地”的话，恐怕也不能兑现，原因是当时已经进入“灭国”而非“存亡继绝”的统一时代。

《春秋·僖公十年二月》记载：“晋里克弑其君卓，及其大夫荀息。”这段记载的上下文是这样的：晋献公宠爱骊姬，将太子申生逼死，其他两个公子重耳、夷吾被迫出亡。献公临死，问荀息：“士何如则可谓之信矣？”荀息回答说：“使死者反生，生者不愧乎其言，则可谓信矣。”意思是说，假使让死者复生的话，活着的人对诺言不感到羞愧，就可算是“信”了。当时围绕着晋国的君位继承问题，矛盾很突出。如大夫里克是申生的师傅，一直想为申生报仇；在外流亡的重耳、夷吾两人随时都会回来继承君位；而献公宠爱骊姬，想立她的儿子为国君。献公死后，荀息立了骊姬之子奚齐。这时掌握晋国实权的里克胁迫荀息说：“君杀正而立不正，废长而立幼，如之何？愿与子虑之。”意思是说君王在王位继承上废长立幼，是不符合当时的习惯法的，希望与荀息共图大事。但荀息以诺言在先、不可改变为由推辞。里克果然相继杀了骊姬的两个儿子，荀息也被迫自杀。《公羊传》评论说：“荀息可谓不食其言矣。”《左传》也引《诗经》里的句子“白圭之玷，尚可磨也。斯言之玷，不可为也”（白圭这种美玉上面的瑕疵可以磨掉，而违背诺言而带来的玷辱是不可以磨去的），来赞美荀息的美德。

四 楚灵王

在春秋中后期，北方的晋国和南方的楚国并为当时的霸主，保持着南北对峙的局面。相比较来说，北方的晋国处于资源相对贫乏的黄土高原，国家内部强臣大族很多，政治比较混乱；而楚国则占有广阔富饶的南方，物产极为丰富，军队非常精锐，所以从西周时代起，就一直对中原的华夏国家保持着强大的军事压力。因为华夏族国家（即“诸夏”）与晋国的联合，楚国的几次争霸战争受到了强有力的抵制。经过一段相对太平的时期后，在楚国出现了一个大野心家，在当时的政治舞台上刮起了一阵旋风。但是正如古代哲人老子所说：“飘风不终朝，骤雨不终日。”兴起迅速，衰亡也快，给后世史家留下许多话题。

这个野心家名字叫公子围，即后来的楚灵王。他原来是楚共王的庶子，颇有才干，不愿久居人下，做楚国的令尹（相当于后世的宰相），而对楚王之位觊觎很久，常想取而代之。有时出外打猎，擅自动用楚王旗号。有一次北上参与诸侯盟会时，他对楚王说：“楚已经称王，地位远居诸侯之上，请求大王准许我采用诸侯国君的礼仪。”楚王答应他使用国君的衣服器用。在盟会结束归国之后，得知楚王有病在身，于是假托有要事启奏，遣开楚王左右侍从之人，用帽缨将楚王勒死，同时杀了国君的两个儿子和几位有异议的大臣，自己做了楚王。

但是，做国君不是他的最终目的，而只是他的手段。所以内政还没有稳固，他就急不可待地向外扩张了。先召集弱小国家来参与盟会，明确霸主的身份，然后再从中寻找一个“倒霉蛋”，对其加以攻击，来证明自己作为霸主的合理性。经过认真的分析研究，这个“倒霉蛋”不幸落在齐国的庆封身上。

庆封原来是齐国的大族，曾和另一大族崔氏合谋杀死自己的国君齐庄公，引起齐国很长时间的动乱。后来崔、庆两族失败以后，崔氏被杀，庆封狼狈跑到吴国，吴王赏给他朱方这个地方居住。该地临近楚国，后来庆氏家产陆续运抵朱方，庆封聚族而居，又成了一方富翁。这时候，庆氏的好日子终于到头了。楚王派遣大将率领诸侯的军队讨伐吴国，将居住在朱方的庆氏一族尽行诛戮，庆封被生擒。楚灵王将庆封捆绑示众，同时逼迫他自言其罪说：“各国大夫听着，不要像齐国庆封那样，杀了自己的国君，欺凌弱子，同大夫盟会。”但游街示众开始以后，庆封大声喊道：“各国大夫听着：不要像楚公子围杀君代立，来盟会诸侯。”楚灵王急忙令人杀之。

既然争霸中原暂时找不到突破口，于是贪婪多欲的楚灵王就开始大兴土木，以物力夸示诸侯。筑造一宫殿名字叫章华宫，广袤四十里，中筑高台，台高三十仞，名叫章华台。宫殿建好，将美女填充进去，邀请各国诸侯前来观赏。但只有鲁国国君前来，于是同游章华宫，饮酒饮到高兴时，灵王将楚国的宝弓“大屈”赠给鲁君，可是待酒醒以后，感觉很后悔。于是楚国大臣薳（yuǎn）启疆想出一计。在冯梦龙的《东周列国志》第六十八回中有相关描述：

启疆说：“臣能使鲁侯将弓交还给楚国。”于是到宾馆中拜见鲁侯，问道：“寡君昨晚在酒席宴上，赠给您什么礼物？”鲁侯出弓示之。启疆见到弓说：“此弓名闻天下，齐、晋、越三国，都曾遣人前来求弓，寡君都未答应。现在特别赠送给您，这三国一定会向您请求此弓，鲁国一定要提防这三个强邻，一定要谨慎地保护好这个宝贝。”鲁侯吓了一跳，说：“寡人不知此弓是这样的宝贝，如果知道，哪里敢接受呢？”于是派使者将弓还给楚国，告辞回去。伍举听到这件事，感叹说：“我们的国王恐怕不得善终吧！因为章台宫落成召集诸侯，只有一个鲁侯来到，却不舍得一张弓，甘心失信。如果自己的东西舍不得，那么一定会抢夺别人的，那样会招来更多的怨恨，灭亡恐怕指日可待了。”

但楚灵王的野心远未满足，因为他要向北扩张，而陈、蔡两小国成了他的绊脚石，于是采用欺骗手段，“币重而言甘”（礼物贵重，言语甜美），将蔡国国君召来，在行宫中设宴招待他，大陈歌舞。在壁衣中埋伏甲士，以掷酒杯为号（这也是阴谋诡计的常用手法）。蔡侯果然上当，在醉中被俘虏，与同行的 70 人都被杀死。灵王命令大军进发，一举灭掉蔡国。同时又采用阴谋诡计灭掉陈国，从此以后，楚国与中原接壤。

灭掉陈、蔡以后，灵王开始筹划他的下一步计划，即代替周作天子。他命令将军率师包围徐国，楚灵王本人则驻扎在乾溪作为后援。时天下雨雪，灵王准备派使者去周，求其九鼎。但不久从郢都传来消息，灵王之弟公子弃疾趁灵王在乾溪逗留之时，已经率领军队打入郢都，逼迫太子自杀，自立为王。同时派人到乾溪传达新王命令，说：“先归者复其田里，后归者割掉鼻子，继续跟着灵王的罪及三族。”于是灵王的军队散掉了大半。当灵王听到二子被杀的消息，说：“寡人杀人之子已经太多了，别人杀了我子，有什么值得悲痛的呢？”当部下劝他是否出奔他国，灵王说："诸侯谁还会收留我呢？只能自取其辱。"这时候部下已经相继逃散，只有他一个人在深山之中徘徊，一连三日吃不到东西，最后饿倒在地。好不容易看到一个熟人，央求替他寻觅一点饭。可是此人趁灵王熟睡之时，以一土块给灵王作枕头，自己则逃之夭夭了。最后，这个野心家死在深山之中。

早在楚王全盛之时，当时春秋贤士们就预言道："楚灵王贪婪无度，刚愎自用，不过十年就会自取灭亡。"在他灭掉陈、蔡两国之后，晋国的贤士叔向评价道："天（在古代，天是有意志、有情绪的，类似于宗教性的上帝）帮助不善的人，并不是赐给他们福祚，而是使他们恶贯满盈再降给他们惩罚，使他落到万劫不复的境地。"按照古人的看法，"积善之家，必有余庆；积不善之家，必有余殃。"意思是说，如果一个大家族世代积累善行，那么早晚会得到大福；如果一个家族世代作恶，那么祸殃迟早会降临。在这些格言警句中，实际上已经蕴含了最早的报应思想，同时也可以理解为这就是当时的道德正义。

五　春秋无义战

"春秋无义战"一句出于《孟子·尽心下》：

> 孟子曰："春秋无义战。征者，上伐下也，敌国不相征也。"

什么叫作"义战"？在古代，"义"的意义最不固定。韩愈认为"行而宜之之谓义"，大概意思是说，做事得体、合乎规范就叫作“义”。孟子的“义战”实际上是祖述孔子的思想，孔子说：

> 天下有道，则礼乐征伐自天子出；天下无道，则礼乐征伐自诸侯出。

那么所谓“义战”，也就是孔子所说的“天下有道”的社会，征伐大权完全操纵在天子手里，诸侯听命于天子，彼此之间严守等级秩序，中央和地方诸侯之间是一种立体的关系，这就是那个时代的“义”。如果天子发布命令，讨伐不遵守周礼的国家，那么这就叫作“义战”。而春秋社会周天子的疆域与小国相等，权力衰微，丧失了世袭的神性，西周时代对诸侯的威慑力和号召力至此已经荡然无存。所以戎狄这些野蛮部落肆意蚕食华夏世界，同时华夏世界内部的一些犯上作乱分子又经常捣乱，在这样的情况下，齐桓公、晋文公领导华夏世界抵抗强楚、反击戎狄，体现了华夏世界惊人的凝聚力。孟子的“春秋无义战”的结论是从维护“天子”权威的角度来进行概括的，从历史事实上来分析，这种“无义战”的结论并不全面，同时对一个时代的道德评价也不具有代表性。

每一个时代都有每一个时代的特殊情况，但是一些规范性的东西却是贯穿始终的。比如说，仁、义、礼、智、信是人的基本道德准则，是维持社会秩序的道德力量，并渗透进政治生活以及战争之中。在今天看来，仁、义、礼、智、信是否能够应用于战争，是否符合战争规律，答案是不言自明的。早在几千年前，老子就曾经说过：“以正治国，以奇用兵。”（《老子》第五十七章）当然，老子所谓“正”指的是老子学说的宗旨即清静无为之术，而“奇”则指的是权术。同时，这两句名言也存在着重新解释的可能性，即用基本的法则来治理国家，使之走上平稳发展的轨道；与此相对，在充满变数的战争中，采用战术技巧和基本的战术理论。

在西周早期的贵族战争中，还保留着战争的游戏特性。战争双方如果同是华夏的成员国，往往投入很少的兵力，一方失败以后，追亡逐北都有一定的距离限制。当时各国都心照不宣地遵守这一规则。当时有一些战争术语可以说明这一现象，如“伐”“侵”“袭”等字，《左传·庄公二十九年》中说：“凡师，有钟鼓曰伐，无曰侵，轻曰袭。”“伐”是“讨伐”的意思，出师的一方一般都声称有充足的理由，声势雄壮，所以古人有“师直为壮，曲为老”的说法，意思是说，如果是正义之师，那么声势一定雄壮，如果出师理亏，那么军队一定会士气不振。“侵”以侵略土地为目的，一般采用不宣而战的手法，在春秋社会，这一战争手段经常被采用，为史家所不齿。至于“袭”，现在常说“偷袭”，比起“侵”来，就更等而下之了。

在春秋时代“大鱼吃小鱼”似的战争中，有一个滑稽可笑的人物，他就是叨陪“春秋五霸”末梢的宋襄公。

宋是春秋时代的一个小国，其祖先是商朝的宗室微子启。在商朝灭亡之后，微子启抬着棺材向武王投降，于是武王将他分封在今河南、山东、江苏等省交界地区。宋一直沿用商朝的一些法度如天文历法、官制以及王位继承法，等等。因为是先朝的后裔，所以地位比较高，被称为“公”（在春秋时代，有公、侯、伯、子、男五等爵制）。在春秋霸主齐桓公死后，齐国大乱，宋襄公认为这是自己图霸的好机会。于是先帮助齐国稳定下来，召集弱小诸侯盟会，来确立自己的霸主地位。但是，与南方的楚国相比较，无论物力、兵力以及领土、人民，都少得可怜。在盟会之中被楚王侮辱一通之后，两军在泓地展开决战。《左传》对此有一段记载：

冬十一月初一，宋公和楚人在泓水边上作战。宋军已经排成队列，楚军还没有完全渡河。司马说："他们人多，我们人少。等他们没有完全渡过的时候，请君王下令攻击他们。"宋公说："不行。"楚军渡过以后，还没有完全排开阵势，司马又把刚才的意见报告宋公。宋公说："还不行。"等楚军排开阵势以后再攻击，宋军被打得大败，宋公腿上受伤，门官被歼灭。

这时候宋国人都埋怨宋公。宋公说："君子不伤害伤员，不擒捉头发花白的敌人。古代作战，不在险隘的地方阻击敌人。我虽然是已灭亡了的商朝的后裔，但还是不攻击没有摆开阵势的敌人。"①

经过这次大战，国家差点儿灭亡，宋襄公的霸业也成了南柯一梦，只留下千古笑柄。而在秦代的《吕氏春秋》中，宋襄公则是一个恪守信义的典范。在《史记·宋微子世家》中也有这样的评论，说："襄公既败于泓，而君子或以为多，伤中国阙礼义，褒之也，宋襄之有礼让也。"大致意思是说，宋襄公虽然失败，但君子仍然赞赏他的原因，是因为他遵循了古代相传的纯朴的战

① 参见沈玉成译：《左传译文》，中华书局，1987 年版。本文有改动。

争道德，遵守信义，讲求礼让，而这些宝贵的文明成分早已被人淡忘了。

兵者诡道

一　战争游戏规则

贵族时代的战争原则保存在《尚书》《左传》《司马法》等书中。从这些书中可以看出，战争不是单独的军事行为，而是政治的一种继续。古代造字时代表战争的“武”字是一个会意字，“止戈为武”，即“以战止战”。古人说“师直为壮，曲为老”，在战争中，坚守战争道德的一方称为“义师”“义兵”，士气自然雄壮；如果是非正义之师，那么士气自然低迷。据《司马法》记载，在周代有许多关于战争的约定俗成的原则，如在作战时机的选择上，不违反春耕秋收等农时，不趁敌国丧葬、疾疫、水旱之灾时兴兵讨伐；在作战中，如果一方已经失败，追击溃逃的敌军，不超过百步，追踪主动退却的敌人，不超过九十里，这是为了显示礼让；不残杀丧失战斗力的敌人并哀怜他的伤病人员，是为了显示仁爱；等敌人布阵完毕以后再发起进攻，这是为了表示诚信。如果违反了这些战争原则，即使胜利了，也“胜之不武”。

战争的目的是为了争大“义”而不是争小“利”。主帅要具有礼、仁、信、义、勇、智等多种美德，等等。这些战争的成规，在西周一直被遵守着。但是到了春秋战国，兵力的投入数量增大，军队的机动作战能力大大增强，战术上的灵活性也提高了，“以正治国，以奇用兵”（《老子》），“出奇、设伏、变诈之兵并作”（《汉书·艺文志》），这些古老的战争道德以及落后的战术都被淘汰了。春秋时的宋襄公就因墨守成规，一定要等强大的楚军“成列”以后再行攻击，而不是“半渡而击”，结果招致失败，传为笑柄。

春秋时代的晋、楚是两个大国，相继为诸侯的盟主。晋献公晚年，因继承权问题，晋国宫廷发生了动荡，太子被迫自杀，其他两位公子重耳和夷吾出逃国外。其中重耳在外漂泊了十九年，途中经历了很多国家。这些国家的国君对重耳或者不肯收留，或者想将其作为政治的筹码，或者有其他的目的。

如到楚国后，楚国国君设宴慰劳重耳，酒酣耳热之际，说：“公子假使你回到晋国的话，怎样来报答我呀？”重耳答道：“像子女、玉帛之类，大王您都拥有。羽毛、齿革之类，大王您的土地上多的是，波及晋国的都是您看不上眼的，我真不知道如何来报答您。”楚王说：“即使是这样，你也要报答我。”这时候重耳想了想说：“假使凭着大王的威灵，能够回到晋国，如果晋楚两军在中原相遇的话，那么我将主动退避三舍。如果您仍然穷追不舍的话，那么我就将亲执戎器，与您周旋了。”这时候楚大臣成得臣想杀重耳，楚王制止，说：“晋公子宽容节俭，文雅有礼貌；跟从他的人严肃忠诚，都有能力，将来他一定能够兴邦

定国。我们帮助他，不要违反天意。”最后重耳一行来到秦国，得到秦穆公的帮助，回国做了国君。（《左传·僖公十三年》）

后来晋、楚两军果然在中原相遇，当时楚军大将成得臣统率精锐部队和陈、蔡的联军，重耳率领晋军主力和宋、齐等国的联军。战斗开始以后，晋军果然信守当初的诺言，“退避三舍”，但是成得臣仍然穷追不舍。最后两军相遇于城濮，战争的结果是楚军大败，重耳继齐桓公之后，成为天下的霸主，即晋文公。

在刘向所写的《新序》中记载了“晋文公伐原”的故事，其起因是晋文公帮助周王室平定了王子带之乱，于是周襄王就将温、原两地赐给他。但是这两地居民不服，于是晋文公出兵讨伐，与大夫们约定五天之内打下原地。五天很快就到了，可是原地原封不动，于是文公下令班师。军吏说：“再不过三天，原就要投降了，君王不如等待。”但是晋文公说：“得到原地却失去了信义，这样的事是不应该做的。”原地的人知道了，说：“晋君这样讲究信义，不可不降。”温地的居民听说了，也请求投降。这段故事在《左传·僖公二十五年》也有记载。这件事传出以后，诸侯们纷纷归附晋君。所以刘向评论晋文公的霸业，说：“本信由伐原也。”

对晋文公的信义应该加以分析，因为原地及其土地上的居民是由周王“赐”给重耳的，原地百姓因此丧失了自主权。晋君通过撤军，目的是争取民众的归心，树立自己“有道之主”的形象，这在古代称为政治上的“怀柔”政策，实践证明这种手段比赤裸裸的杀戮要高明得多。

《新序》中还记载了赵襄子伐中牟的故事。中牟原来是赵的领地，后来叛离赵襄子，于是赵襄子率军讨伐，先包围了这座城市。奇怪的是，城墙自己倒塌了十余处。更奇怪的是，赵襄子竟命令击金退军。军吏们不解其意，说："君王讨伐中牟的罪行，而城自坏，这是天助我也，为何退军呢？"襄子解释说："我听叔向说：'君子不乘人之危，不迫人于险。'"让中牟修城完毕而后攻之，中牟人感激赵襄子的"义"，于是请求投降。

古代为了制止战争，国家之间往往结成军事同盟。搭设祭坛，刑白马祭天，歃血盟誓，手执牛耳者为当时的盟主。《穀梁传·僖公五年》有"盟者，不相信也，故谨信也"。正因为口说无凭，于是要取信于神灵。据《穀梁传》所说，在齐桓公时还没有"歃血"之制，其原因在于桓公即使不"歃血"，诸侯们没有人怀疑他的诚意。在城濮之战后，重耳盟会诸侯，盟书上说："凡是参加盟会的国家，都要扶助王室，不要互相伤害。如果谁不遵守盟誓的话，那么神明会惩罚他，使军队失败，国家灭亡，灾祸降临到他的子孙身上。"所以《左传》评价说："君子谓是盟也，信。"其原因是符合当时社会的礼仪秩序。《淮南子》中说："胡人弹骨，越人契臂，中国歃血，所由各异，其于信一也。"这都是通过庄重的礼仪来增强彼此之间的信赖感。

春秋时代，晋国一直为中原各国的盟主。鲁国和晋国一度产生了政治上的摩擦，但鲁国还必须讨好这个盟主。于是鲁国的执政季平子到晋国去，不出所料果然为晋国扣押了。于是鲁国的子服惠伯前去进行外交斡旋，见到执政的韩宣子说："夫盟，信之要也。晋为盟主，是主信也。若盟而弃鲁侯，信抑阙矣。"意思是说"盟"的目的是强调诸侯之间的"信"。晋国做盟主，就要恪守这一道德。如果诸侯盟会却不让鲁国参加的话，那么“信”又从何说起呢？因为当时的晋国与周边戎族关系比较好，所以鲁国人认为，你与少数族友好，却放弃了同一文化、同一族类的诸侯国，这是对诸夏世界的失信。晋国也自知理亏，很快放了人。

但是，通过这种古老的礼仪是否真能够制止战争？盟会只是一个形式、一种象征，其目的是使同盟国之间拥有某种安全感。盟会规定了许多权利和义务，如成员国对盟主的义务是和平时要交纳贡赋，战争时要提供人力、物力的支持。盟主要承担保护成员国的义务，如果成员国受侵害，那么盟主绝对不可坐视不管，所以古人说：“诸侯有难，桓公不能救，则桓公耻之。”原因是齐桓公是当时诸侯中的霸主。

二　与尸骸对话

顾炎武在《日知录》中说：“春秋时，犹尊礼重信，而七国则绝不言礼与信矣。”这种讲求“礼”与“信”的风气体现为战争中人性的一面。战争目的有多种，有的是为了争夺当时的世界霸权，做诸侯们的盟主；有的是为了维护所谓的“王道正义”，维护既定的统治秩序，如下弑上、子弑父、臣弑君，这些都在讨伐之列；有的完全是以扩张领土为目的，如楚国在春秋时代灭国五十二，“汉阳诸姬，楚实尽之”（汉水以南的诸多姬姓国家都被楚国给灭掉了）。当时的战争似乎还需要一种“伪善”来掩盖一下其非正义性，没有理由的灭国行动是受到谴责的，非正义的军事胜利必然付出道义上的代价。

当时的霸主如齐桓、晋文不是以其横蛮不讲理而成为霸主的，而是因为他们代表着华夏世界来抵抗强大的楚国和处在原始状态的戎狄而得到拥戴的。他们存亡国、继绝世，使华夏世界保持安全和稳定，同时在军事斗争中掌握一定的分寸，体现了泱泱大国的风度。但是齐桓、晋文之后，一些古老的礼仪传统渐渐断绝了，诸侯间的盟约逐渐失效，信义让给了强权，对强盗背信弃义的指控显得软弱无力，成为孔子所说的“无道”的社会。如吴王夫差的争霸，“暴骨如莽”（死去的人骨如树林那么多），当时人们称吴是“封豕长蛇”，没有半点人性。而到了战国时代，动不动就斩首八万、二十四万之类的天文数字，暴露了人类与生俱来的兽性的一面。孟子谴责当时诸侯之间的战争，说：“争地以战，杀人盈野。争城以战，杀人盈城。此所谓率土地而食人肉，罪不容于死。”（《孟子·离娄下》）一些古老的战争道德被肆意践踏，所以孟子主张设立战争法庭，“善战者服上刑，连诸侯者次之，辟草莱、任土地者又次之”。

《左传·宣公十五年》记载楚国讨伐宋国，宋与当时的盟主晋国非常亲近，楚为了实现中原争霸的野心，必须先征服宋国。于是楚庄王率师围宋，这时候宋国人派遣使者出使晋国求救。晋国大夫伯宗说：“不可。古人说过：‘虽鞭之长，不及马腹。’现在上天帮助楚国，不可同它争夺霸主地位。所以国君应该容忍一下，静观时变吧。”于是晋国派使臣解扬到宋国去，告诉宋国不要投降楚国。但路经郑国时，被俘，交给楚国。于是楚国君对他说：“你告诉宋国人，说晋军不来了。”解扬假意答应。但等到登上楼车，向城中喊话时，解扬告诉城中说：“晋军将要来到了。”楚国君恼羞成怒，将要杀他。这时候解扬说：“下臣听说，国君制定命令就叫‘义’，臣下能履行命令叫作‘信’，君臣合作，为国谋利，保卫社稷，这样才是百姓的主人。‘义’不能有两种‘信’，‘信’不能接受两种命令。接受了国君的命令而出国，宁可一死而不能废弃命令，难道还可以贿赂吗？”于是楚国国君就放了他。

这年夏天，楚军打算离开宋国，但是手下大臣不同意。于是楚君采纳了大臣申叔时的建议，在宋都城外围建起房子，开始在田里种地。这时候，宋国终于害怕了，就派宰相华元夜间偷偷地进入楚军营寨，登上大司马子反的床，对他说：“我的国君派我告诉你，我们宋国已经到了‘易子而食，析骸以爨’（交换着儿子吃，以死人尸骨做饭）的地步。尽管如此，我们宁可让国家灭亡，也不能签订像城下之盟这种屈辱的协议。你们退兵三十里，宋国将惟命是听。”于是子反害怕了，就和华元盟誓，报告楚王以后就退兵三十里，两国讲和。盟誓上说，“我无尔诈，尔无我虞”（即“我不要欺骗你，你也不要担心提防我”）。

在《韩诗外传》卷二中有不同记载：

楚庄王包围宋国以后，军中只有七天的军粮。说：“到粮食用完的时候，还不能打下宋国的话，就退军。”于是命令司马子反登城瞭望宋国都城。宋国执政华元也在城上。于是子反问：“你的国家怎么样了？”华元说：“已经疲惫到极点了！老百姓易子而食，以人骨来烧饭。”子反说：“确实太疲惫了。但是我听说，通常一个国家被包围，明明无粮草来喂马，却使肥胖者来应付客人，而你为什么告诉我真实的情况呢？”华元说：“我听说，君子见到别人的困难往往哀怜，小人见到别人的灾难往往幸灾乐祸。我望见你像是一个君子，于是就告诉你实情。”子反对他说：“勉力为之吧！我军也只有七日粮食了。”庄王问宋国情形，子反把与华元的对话告诉了庄王。庄王非常恼怒说：“我派你观察宋城，你为什么告诉他军事机密？”子反说：“区区宋国，尚且有诚实的大臣，何况我们楚国呢？”庄王没办法，只得撤军。

春秋后期的陈国朝政腐败。陈灵公只知道和孔宁等几个心腹臣子到处寻花问柳，追欢买笑。他们经常到陈都城南的夏氏庄园和夏姬幽会，陈灵公甚至对孔宁开玩笑说：“我看夏姬的儿子夏徵舒长得有点像你呀。”孔宁说：“也像君王您哪。”夏徵舒听后很生气，一日，他在院子里准备好埋伏，陈灵公一到，伏兵四起，陈灵公被杀，而那两位臣子仓皇逃到了楚国。

当时的霸主楚庄王早就有吞并陈国的野心，只是没有机会而已，这回到口的肥肉自然不会轻易放弃。于是号令三军，打出为陈灵公复仇的招牌。弱小的陈国怎么能抵挡得住楚国的大军？楚军没费吹灰之力，就占领了陈的都城，将倡乱的夏徵舒车裂而死。

就像对待其他国家一样，接下来就正式宣布陈国成为楚国的一个县。但是楚国的一个正直的大臣申叔时对楚王说：“有这样一个故事。假使有人牵着牛踩了我的田地，我因此将牛据为己有，这样做可以吗？”庄王说：“当然不可以，踩人田地确实不对，但是没收人的牛惩罚也太重了。”于是申叔时说：“现在我们帮助陈国消灭了夏氏，但顺便灭亡了人的国家，与这个故事是不是一样呢？”庄王觉得有理，于是在帮助陈国确立新君以后，宣布撤军。

在战国时代，秦国和赵国为了争夺韩国的上党地区，在长平这个地方展开一场大决战。当时秦国的大将白起与赵国的大将廉颇都是有名的将领，后来白起料难取胜，于是他就使用反间计，在赵国都城散布流言说："廉颇哪是白起的对手，不如起用名将赵奢的儿子赵括。"这个赵括是个纸上谈兵的高手。当流言传到赵王耳朵里的时候，他正在为廉颇没有任何军事进展而恼火呢，于是干脆命令赵括率领二十万军接替廉颇。这样，在长平的赵军达到四十二万人。

可是赵括之母求见赵王说："赵括不可以当大将。先君赵奢在世的时候，曾告诉我，赵括虽然在图纸上将军事讲得头头是道，但视人命如儿戏。如果一旦破军杀将，请大王免除我们一家的死罪。"赵王答应了。当赵括领军到前线以后，果然改变了廉颇的坚守勿战的战法，开始进攻敌人。白起有意诱敌深入，在让赵军小尝几次胜利以后，一下子包围了赵军。最后赵军弹尽粮绝，赵括也在突围中被乱箭射死，四十二万人几乎全部做了俘虏。

如何处理这么一大批战俘呢？如果放回，那么必然会重新被赵国武装起来。于是，白起款待这些军士饭食，对他们说，很快就放他们回去。这些士卒信以为真，可是在酒足饭饱以后，竟然被全部活埋，据说只留下一百四十二人。试想一下，这是一个怎样惨绝人寰的人间大悲剧啊！

类似的悲剧一直在不断上演，所用的欺骗手段也大同小异。当项羽的起义军打败了秦将章邯的主力军以后，二十万人做了俘虏。这些起义将领想起以前在秦朝受到的折磨，自然要投桃报李，开始虐待这些秦朝的降卒。这自然会引起秦卒的怨恨。这时候，一个罪恶的计划就出笼了，所用的手段与白起毫无二致，起义军对这些俘虏说："一到关中，就释放你们，你们回家好好过日子。"这些降卒自然欢天喜地，饱食一顿。但到半夜时分，逐个被活埋在新安城南。

古人从很早的时代起就有了因果报应的思想，老子曾说过："强梁者不得其死。"当秦武安君白起被秦王赐死的时候，他说："我杀人也太多了，仅在长平，就杀了四十多万人，今日之死，不亦宜乎？"当项羽与占据关中的刘邦进行长达四年的马拉松式的战争的时候，刘邦多次战败，但兵员每次都得到及时补充，其原因就是项羽的残暴激起了人民的愤怒，最后终于使项羽战败自杀。

三　吴越争霸

德国19世纪的军事理论家克劳塞维茨在他的名著《战争论》中，说战争的定义"是迫使敌人服从我们意志的一种暴力行为"。他也谈论到战争中的"仁慈"这一话题，认为"在像战争这样危险的事情中，从仁慈产生的这种错误思想正是最为有害的"。[①]如上文所说的宋襄公见到敌军士兵有的裹伤前进，有的头发花白，就不禁动起悲悯之心，说君子"不禽二毛""不鼓不成列"，

① 克劳塞维茨著，中国人民解放军军事科学院译：《战争论》，第24页，商务印书馆，1997年版。

不凭借险隘的地势，在当时就被人说是“未知战”的行为。另如春秋时的郑、宋两个小国经常发生战争，有一次，宋国的大夫狂狡将郑国的军士打入井中，当他看到这位军士在井中挣扎，不禁动起恻隐之心，将枪柄朝下，将郑国的军士救上来，可是恰好“授人以柄”，自己反而做了敌人的俘虏。早期战争虽然还属于游戏性质，但其游戏规则根本不同于以纯粹娱乐为目的的游戏，因为军事上的成败往往与国家的存亡密切相关，是一种“死亡游戏”。

在上文中我们探讨了“信义”体现为“战争中的仁慈”的话题，如晋文公重耳、赵襄子的仁慈赢得了原、中牟人民的信赖。但须注意的是，不适当的“仁慈”会换来什么样的“回赠”。

春秋时代的吴国、越国，分别定都在今天的江苏的苏州（古称姑苏）和浙江的绍兴（古称会稽），是一衣带水的邻邦。由于地理接近，三江环绕，两国为世仇。吴王阖庐曾讨伐越国，结果受伤而死。其子夫差即位，在当时著名的贤士伍子胥的辅佐下，终于打败了越国，迫使越王勾践请求投降。这时候吴王夫差准备接受，但是伍子胥劝谏说：“不可，吴国与越国是仇敌之国，有吴就没有越，有越就没有吴。如果是中原国家，我战而胜之，我不能占有他们的土地，不能乘坐陆车。但是越国被灭，我能占有他们的土地，我能乘坐他们的舟船。这是天赐良机，不可失去。”但夫差显然被胜利冲昏了头脑，开始哀怜起越国来，再加上亲信大臣的花言巧语，就接受了越国的投降条款。越国将美女送给吴王，勾践则做了吴王的马夫。

吴王夫差饶了越王勾践一死，这是表面上的仁慈，同时又严重地侮辱了他，使其心中充满了报仇的欲望。三年过后，尝尽耻辱的越王勾践终于回到了自己的国家。卧薪尝胆，开始了报仇的准备工作。首先要厚爱其民，鼓励人口增殖，国家提供了许多优惠政策，这就是所说的“十年生聚，十年教训”。先花费较长时间来使百姓过上好日子，然后教诲他们“忠”“信”之道和作战的基本知识。《郭店楚墓竹简·忠信之道》中说：“忠积则可亲也，信积则可信也。忠信积而民弗亲信者，未之有也。”《六德》篇说：“聚人民，任土地，足此民尔生死之用，非忠信者莫之能也。”“忠”“信”不只是抽象的道德教条，而是通过一定的物质实惠逐步培养起来的，即“忠积”和“信积”的过程。据《吕氏春秋·离俗览·用民》介绍，越王勾践“试其民于寝宫，民争入水火，死者千余矣，遽击金而却之”。《韩非子·内储说上》：“越王将复吴而试其教，燔台而鼓之，使民赴火者，赏在火也。临江而鼓之，使人赴水者，赏在水也。”经过严酷的军事训练，越民领受了军令的威严，战斗力增强了。于是《吕氏春秋》说：“凡用民，太上以义，其次以赏罚。”

这几年，吴王夫差一直在为霸主席位而战。年成不好，加上连年战争，吴民死伤非常之多，“暴骨如莽”。当他想北伐齐国，又担心越国袭其后时，想起古老的方法，先通过“盟誓”取得越的保证，然后就可以放心北上了。伍子胥说：“越王不是真心与吴结好，也不是害怕吴国军队的强大，而是想将吴国玩于股掌之上。”但夫差不听，想和越人结盟：

将盟，越王又使诸稽郢辞曰：“以盟为有益乎？前盟口血未干，足以结信矣。以盟为无益乎？君王舍甲兵之威以临使之，胡重于鬼神而自轻也？”吴王乃许之，荒成不盟。

正如《诗·小雅·巧言》所说：“君子屡盟，乱是用长。君子信盗，乱是用暴。”因为有了“盟”这种表达信义的手段，所以欺诈才找到了化身，谎言才披上了迷彩。古人歃血而盟是取信于神灵，越王显然没有结盟的诚意，说如果歃血而盟这种方式可信的话，那么离上次的会盟时间还不长，“口血未干”，如果“盟”是无益的（意思是假使我们背叛了盟约）的话，您的军队很快就会来到越国，那时我们敢不听命于大王吗？于是夫差得到越王的口头许诺以后，就放心北上。开凿了运河，将齐国打了个大败，杀了忠直的伍子胥。但就在与晋国争夺中原霸主的席位时，越国背弃了盟誓，突袭了姑苏城，后来夫差自杀，吴国灭亡。

司马迁作《吴太伯世家》赞美太伯的让位和季札的贤德，这两位是信义播于四海的人物，而对夫差没有作更多的评述，大有“是非让后人评说”的意味。但在刘向的《新序·杂事五》中曾记魏文侯与李克的一段对话。文侯问：“吴灭亡的原因是什么？”李克回答说：“数战数胜。”文侯说：“数战数胜，国之福也。不是国家灭亡的原因。”李克说：“数战则老百姓疲倦不堪，数胜则君主骄傲，以骄主治理疲倦的老百姓，这就是灭亡的原因。”刘向也认为：“是故好战穷兵，未有不亡者也。”但是，我们通观《左传》《国语》及《吴越春秋》《越绝书》《史记》中的记载，发现情况又不能单纯归于“好战穷兵”这件事上。实际上越之所以得胜，吴之所以灭亡，一方面在于吴王夫差的不适当的“仁慈”上，对内他使百姓疲弊，暴骨如莽，对敌人却有妇人之仁，放虎归山，养虎遗患。另一方面，勾践采用了许多阴谋诡计，他能够有效地利用传统的军事道德，定了许多口头协议，做出遵守“信义”的假象来麻痹夫差，使其放松警惕，最后战而胜之，同时以信义教训民众。荀子在《王霸》中有论述：

> 故齐桓、晋文、楚庄、吴阖闾、越句践，是皆僻陋之国也，威动天下，强殆中国，无它故焉，略信也。是所谓信立而霸也。

齐桓公、晋文公、楚庄王、吴王阖闾、越王勾践，他们都是僻陋之国的国君，但是他们兵威天下、争霸中国的原因何在呢？没有别的原因，只是强调一个“信”字，这就是“信立而霸”的道理。

《郭店楚墓竹简·缁衣》中说：“故慈以爱之，则民有亲；信以结之，则民不倍（背）；恭以莅之，则民有逊心。”吴、越两国都是开化较晚的国家，带有浓厚的原始性，却能在春秋后期一个相当短的时间内崛起于东南，中夏之国和楚国对其畏惧三分，其原因固然与这些老牌的国家日显疲软有关，更重要的原因是吴、越两个国家以“忠”“信”教导民众，即荀子所说的“信立而霸”的道理。“德虽未至也，义虽未济也，然而天下之理略奏矣，刑赏已诺信乎天下矣，臣下晓然皆知其可要也。政令已陈，虽睹利败，不欺其民；约结已定，虽睹利败，不欺其与。如是，则兵劲城固，敌国畏之；国一綦明，与国信之；虽在僻陋之国，威动天下，五伯是也。”荀子认为，虽然可以通过“忠”“信”使国家很快强大，但是要想使君、臣和民众的关系

“坚凝”起来，不能单独依赖“信”，还要讲究“礼”和仁义之类的道德。荀子反复强调：“故用国者，义立而王，信立而霸，权谋立而亡。三者，明主之所谨择也，仁人之所务白也。”荀子是对秦丞相范雎讲这番话的，其理论的参照是早就灭亡的吴、越两个国家和齐湣王、宋康王两个昏君。老子说：“飘风不终朝，骤雨不终日。”吴、越兴起迅速，衰亡也迅忽，确实给人留下许多的思考。

四　名将的品质

在《孙子兵法》中，孙子反复强调“为将之道”，《谋攻》说：“夫将者，国之辅也。辅周则国必强，辅隙则国必弱。”《作战》中说：“故知兵之将，民之司命，国家安危之主也。”“将”必须具备“智”“信”“仁”“勇”“严”五种品质。军事上的“信”与平常所说的“信义”观念不完全相同，是恪守纪律、号令的意思，具有强制性。《史记·孙子吴起列传》记载了孙子见吴王阖闾的故事：

阖闾对孙子说：“你的十三篇兵法我都看过了，可以小试一下指挥队伍吗？”孙子说：“可以。”“可以以妇女来试吗？”“可以。”于是吴王派出宫中美女一百八十人。孙武将她们分成两队，用吴王宠爱的两个妃子担任队长，并令所有的人拿着戟。下令说：“你们知道你们的心、背和左右手吗？”妇人回答道：“知道。”孙武说：“向前，就是朝着心所对的方向走。向左，就朝着左手方向走。向右，就朝着右手方向走。向后，就朝着背的方向退。”妇女们回答：“是。”有关规定宣布以后，就把斧钺排立起来，指着斧钺，又反复申明，然后击鼓发令向右。妇女们哈哈大笑起来。孙武说：“规定不明确，号令不熟悉，这是将帅的罪过。”三令五申之后，妇女们又大笑，孙武说：“规定不熟悉，号令不明确，那是将帅的罪过，既然明确了，仍然不执行，那就是军官的罪过。”于是下令杀左右队长。吴王求情，也没有得到孙武的允许：“将在军，君命有所不受。”便杀了两个队长。于是重新击鼓发令，妇女们左、右、跪、起都合乎规定，行动整齐，没有敢出声的。

后来孙武被任命为将官，向西击破了强大的楚国，攻入楚都城郢，北面威震齐、晋等大国，使吴国的威名在诸侯中大为显扬。

吴起是战国早期的军事家、法家，卫国人。他写了一部很有名的军事著作《吴子》。法家的重要特征是认为法律高于一切，对法令不折不扣的遵守就是“信”，“信赏必罚”，而不顾伦理道德的温情。《韩非子·五蠹》中说：“境内皆言兵，藏孙、吴之书者家有之。”《史记·孙子吴起列传》中说：“世俗所称师旅，皆道《孙子十三篇》《吴起兵法》，世多有。”吴起本人喜欢谈论军事，曾经在鲁国为臣。当齐国的军队攻打鲁国的时候，鲁君想用吴起为大将。但是鲁国一些大臣认为：“吴起的妻子是齐国人，他怎么会为我们鲁国打仗呢？”吴起听说后，回家杀了自己的妻子，表明自己对鲁国没有二心，于是鲁君就拜他为将，将齐国打得大败。

但是鲁国是一个礼仪之邦，他们一直在议论吴起，认为他是个残暴无情的人。吴起少年时代，家产有千金之多，但他一心想做官，将家产用光。有人议论他，他就将这些议论者杀死，有三十多人，于是离开卫国，来到鲁国。据说，他和母亲告别时，咬着自己的胳膊发誓说：“我做不到卿相，绝不回卫国。”后来母亲死时，他也没有回到卫国。这一次虽然打败了齐国，但鲁国人认为，这不是鲁国的好兆头。在众口喧哗之中，吴起只好离开弱小的鲁国，到了魏国。

关于“吴起杀妻”，郭沫若先生认为一定是人们造谣中伤。通过杀自己最亲近的人来取悦于鲁，这实在是太没有人性了。《韩非子·外储说右上》记：“吴起示其妻以组，曰：‘子为我织组，令之如是。’组已就而效之，其组异善。起曰：‘使子为组，令之如是，而今也异善，何也？’其妻曰：‘用财若一也，加务善之。’吴起曰：‘非语也！’使之衣而归。”法家大都刻薄寡恩，相对“杀妻”来说，这个记载没有什么恶意。[①]从中可以看出作为法家的吴起重法或重信，法令既出，就要信守之，维护法律的尊严。但“妻子织组，又加善焉”是人情，法家往往将温情的“情义”与硬邦邦的“信”混淆在一起。

当时魏文侯急需一位大将，听说吴起到来，就任命他为大将，率军攻打秦国。他攻克了五座城池，被任命为西河的守将。吴起做将军时，廉洁而公平，能得到士卒的拥护，和最下层的军士同衣同食，睡觉时不铺席子，行军时不骑马乘车，亲自背干粮，和士卒共担劳苦。士卒中有人伤口感染，吴起亲自用嘴给他吸脓。这个士卒的母亲听到以后大哭起来，别人说：“你儿子

①《郭沫若全集·历史编·述吴起》，第506—534页，人民文学出版社，1982年版。

是个士卒，而将军给他吸脓，你为什么还哭呢？”这位母亲说：“往年吴公为他父亲也吸过脓，他父亲在作战时就一往无前，死不旋踵，最后战死了。现在吴公又吸孩子身上的疮，我不知道我的孩子会死在什么地方。”

文侯死后，武侯即位。吴起不被信任，于是不得不离开魏国逃到楚国去。

楚悼王早就知道吴起非常能干，于是命他为相国，改革政治。吴起一到任，就严明法令，捐免那些多余的官，废除了那些较疏远的公族的特权，把节省下的钱粮都用来供给战士。楚国的战斗力一下提高了，成为当时首屈一指的强国。但是，一些被剥夺特权的公族对吴起一直怀恨在心。在楚悼王刚死、还未下葬时，他们发动了叛乱，用乱箭射死吴起，同时也射中了悼王的尸体。后来新王即位，下令将这些叛乱分子全部诛杀，因此被消灭宗族的有七十余家。

三国时代的诸葛亮是有名的军事家、政治家，同时也是古代遵守信义的典范。

刘备未得到诸葛亮以前，经过大小数百战，仍没有一寸土地可以立身。后来三顾茅庐，请出诸葛亮，从此才在荆州、西川建立基业。但是好景不长，刘备为给关羽、张飞报仇，在夷陵这个地方被东吴打败，蜀中兵将折其大半。刘备也在白帝城病重，临终“托孤”给诸葛亮说：“你的才气十倍于曹丕，一定能够安定国家，完成统一大业。如果刘禅值得辅佐的话，那么就辅佐他，如果不值得，那么你就自立为成都之主吧。”诸葛亮感激涕零，说：“臣怎敢不竭尽自己的全力，奉献忠贞之节，以从先王于地

下呢！”刘备又发布诏书给儿子刘禅，说：“你要像侍奉父亲那样侍奉丞相。”（《三国志·诸葛亮传》）

刘禅，小名阿斗，在中国历史上出现的昏君中，他应该排在“弱智”第一位。民间至今流传着这样一句俗语，“扶不起的阿斗”。如果只知道在宫中享乐反倒好，他偏偏喜欢听信宦官和流言，将诸葛亮辛辛苦苦打下的一点地盘拱手还给敌人。在诸葛亮病逝以后，没过二十多年，蜀国也就灭亡了。人们读《三国志》及《三国演义》时，几乎每人都会发出这样的疑问：像这样的昏君，诸葛亮为什么不将他“废”了呢？有这么一个“成事不足败事有余”的“鸡肋”，任你有天大的本事也是白搭。但是我们应该明确古人的价值观，那就是“忠”“信”二字。诸葛亮的《出师表》中说：“臣本布衣，躬耕于南阳，苟全性命于乱世，不求闻达于诸侯。先帝不以臣卑鄙，猥自枉屈，三顾臣于草庐之中，咨臣以当世之事，由是感激，遂许先帝以驱驰。故受任于败军之际，奉命于危难之间。”可以说诸葛亮的一生都铭记着刘备的嘱托，是古代贤相的典型。后人曾经将诸葛亮与司马懿两人加以比较，如三国时吴国张俨在《默记》中说，两人都曾经接受“托孤”，但诸葛亮始终牢记先帝托孤之重，鞠躬尽瘁，死而后已，而司马懿却篡夺了曹魏的政权，实现了改朝换代。历史上的诸葛亮永远受人拥戴，而司马懿却与跳梁小丑相似。

早在隆中对策时，诸葛亮就确定了向“南中”发展的目标，在他的名作《出师表》中也提到过“五月渡泸，深入不毛。今南方以定”这些事件。据《汉晋春秋》介绍，当蜀汉政权建立的时候，南方部族首领孟获起兵造反，诸葛亮利用这个机会，想使南中永为蜀汉的屏蔽，于是对其首领孟获“七擒七纵”。当孟获最后一次被擒获以后，诸葛亮仍想放他，让他收兵来战，这时孟获说：“公，天威也，南人不复反矣。”诸葛亮仍然任命南人为当地的首领，尊重他们的生活习惯，夷、夏相安，彻底消除了后顾之忧。诸葛亮去世以后，百姓巷祭，戎狄野祀。陈寿在《三国志》中谈到：“至今梁、益之民，咨述亮者，言犹在耳，虽《甘棠》之咏召公，郑人之歌子产，无以远譬也。”唐代大诗人杜甫曾写过多首咏叹诸葛亮的诗，如：“孔明庙前有老柏……黛色参天二千尺。”借“黛色参天”的“老柏”来比喻诸葛亮的光辉人格，同时也表达了人民对他的永远怀念。但人们在怀念他的时候，也进行了理性的思考，如成都武侯祠有这样一副楹联：“能攻心则反侧自消，从古知兵非好战；不审势即宽严皆误，后来治蜀要深思。”上联说的是诸葛亮的“攻心”战术，使蜀国大后方平定，从而消除了北伐的后顾之忧；下联是对历史的思考，告诫后来者，不要因为四川自古“蜀道难”就动割据之野心。

纵横家

一　纵横家的“哲学”

《汉书·艺文志》记载，“纵横家者流，盖出于行人之官。”“行人”实际上也就是古代的外交官，在朝聘宴享之类的场合经常看到这些“行人”的身影。其特长是“权事制宜，受命而不受辞”，意思是领受了诸侯国君的使命以后，事情能否成功，还得看这些“行人”随机应变的本领和是否“有辞”。西周至春秋时代的“行人”不只尊礼、重信，更重要的是“尚智”，语言典雅，讲究风度。但是到了战国时代，“则上诈谖而弃其信”。对战国纵横家来说，礼仪、信义可以不加考虑，智慧和辩才却应用到了极致。这种“贵智说”在《鬼谷子·谋篇》有阐述，他说：“智者事易，而不智者事难。以此观之，亡不可以为存，而危不可以为安。然而无为而贵智矣。”照他的说法，做那些容易取胜而获利的事的人是“智者”，而做不易成事而利微甚至无利之事的人是“不智者”。成功与否在于看准时机，一旦机会来临就“脱颖而出”。如果照这个逻辑来衡量，像孔子、孟子以及墨子诸人的“知其不可而为之”就只能是愚蠢的行为了。

春秋时代的“行人”一般出身于贵族阶级，拥有良好的教养和行为举止。到了战国时代，阶级成分就显得比较复杂，大批穷士涌进这一行列中。顾炎武曾说：“春秋以后，游士日多。《齐语》言桓公为游士八十人，奉以车马衣裘，多其资币，使周游四方，以号召天下之贤士。”[①]像苏秦、张仪等人，出身都不高贵。正像李斯所说，“万乘方争时，游者主事”之时，也正是“布衣驰骛”的大好之秋：

> 诟莫大于卑贱，而悲莫甚于穷困。久处卑贱之位，困苦之地，非世而恶利，自托于无为，此非士之情也。（《史记·李斯列传》）

对李斯来说，最大的耻辱是地位的卑贱，最大的不幸是处于穷困之中。如果长久地处于卑贱的地位和困苦的处境，咒骂这个世道，讨厌物质利益，什么也不想做，这绝对不是士所应该做的事。通过游说人主来取得功名利禄，可以说是这些纵横家的普遍心态。所以一旦得到信任，就千方百计地迎合国君，而不管自己国家和人民的利益。李斯就是这样的人物，为了保住尊官厚禄，违弃了秦始皇的临终嘱托，阿附赵高，将太子扶苏害死。最后自己也没有好下场，也被赵高害死。又如《史记》中记载赵国大将廉颇在长平免将，门客散尽。等到后来重新为赵王封侯、任

① 顾炎武：《日知录集释》卷七《士何事》，花山文艺出版社，1990年版。

命为“假相”之时，门客又都回来了。廉颇非常恼怒，说：“客退矣！”但其门客们却说：“吁，君何见之晚也！夫天下以市道交。君有势，我则从君；君无势则去，此固其理也，有何怨乎？”（《史记·廉颇蔺相如列传》）“市道交”正是游士们的处世哲学，那些春秋社会通行的价值观念如“忠”“信”之道在这个时代已经行不通了。

战国时代的纵横家们大多通晓阴阳权变之理。“阴”和“阳”是古代文化中的重要概念，在自然哲学领域，是万物产生的原动力，《老子》说：“万物负阴而抱阳，冲气以为和。”这一自然哲学的理念也为纵横家所利用，并改造为“变动阴阳而利导之”的思想。纵横家的理论著作《鬼谷子·捭阖》记载：“故言长生、安乐、富贵、尊荣、显名、爱好、财利、得意、喜欲，为阳，曰始。故言死亡、忧患、贫贱、苦辱、弃损、亡利、失意、有害、刑戮、诛罚，为阴，曰终。”事物的“阳”面代表着美好，值得去追求；而事物的“阴”面代表着丑恶，必须加以避免。同时这“阴”“阳”的区分还有二意：一是其中包含着纵横家的策略，就是在外交活动中努力争取“阳”面，将希望留给自己，而致对方于“阴”面，将绝望留给别人。可以说为了达到这一目的，战国纵横家们崇尚智谋、权变、诈术，极大地丰富了古代智谋文化。二是将所要游说的人物分为“阴”“阳”两类，《捭阖》中说：“夫贤不肖、智愚、勇怯、仁义有差，乃可捭，乃可阖；乃可进，乃可退；乃可贱，乃可贵。”在人之性情中，贤、智、勇、仁义者为阳，不肖、愚、怯、不仁义者为阴，因此将游说对象分为阴类人物和阳类人物，用不同的阴阳之辞来说服他。[①]

战国谋臣策士们的游说手段尽管多得令人眼花缭乱，但是大要不出“合纵”“连衡”两派。“合纵”就是“合众弱以攻一强”，即关东六国团结在一起，来抵御秦国；“连衡”是“事一强而攻众弱”，秦国采取远交近攻的策略来打破关东六国的联盟，蚕食诸侯，使天下统一。司马光在《资治通鉴》中做完从战国到秦统一的编年史后，写了一篇精彩的总结：

> 臣光曰：从衡之说虽反覆百端，然大要合从者，六国之利也。昔先王建万国，亲诸侯，使之朝聘以相交，飨宴以相乐，会盟以相结者，无他，欲其同心勠力以保家国也。向使六国能以信义相亲，则秦虽强暴，安得而亡之哉！夫三晋者，齐楚之藩蔽；齐、楚者，三晋之根柢；形势相资，表里相依。故以三晋而攻齐、楚，自绝其根柢也；以齐、楚而攻三晋，自撤其藩蔽也。安有撤其藩蔽以媚盗，曰“盗将爱我而不攻”，岂不悖哉！

从上文来分析，司马光是比较同情六国的命运的。他认为纵横之术虽然变化百端，但根本的一点就是：合纵对六国有利。以前开国承家时的先王们（在西周初年）建立万国，使诸侯们彼此相亲，制定朝、聘、享、宴、会、盟等典礼仪式，其目的就是使诸侯之间、诸侯与宗主国之间保持亲密的联系，同心协力地保全

① 郑杰文：《能辩善斗——中国古代纵横家论》，第551—558页，山东人民出版社，1995年版。

各自的国家。但这是春秋以前社会的情况。司马光分析七国争霸时的六国命运，他推测说：假使六国之间以“信义相亲”的话，那么秦国即使再强暴，他又怎么可以灭亡六国呢？当时的形势是：“三晋”即韩、赵、魏是齐、楚两国的藩蔽，而齐、楚是三晋的根柢，六国互相依存。如果三晋攻击齐、楚，是自绝根柢，齐、楚攻“三晋”，是自己拆掉自己的藩蔽。拆掉“藩蔽”以后实际上就等于献媚于强盗，这个强盗就是强暴的秦国。司马光的言外之意是，六国的灭亡原因并非全出于秦国的进攻，很大原因是其咎由自取，因为他们背叛了古老的信义。

二　苏秦与张仪

苏秦和张仪是战国舞台上最为著名的人物，前者是合纵学说的创始人，其事业鼎盛时期，身佩六国相印，做六国的“纵约长”，指挥六国军队，使秦国不敢向东发展达二十余年；后者是“连横”学说的积极推行者，在苏秦死后，他积极推行“远交近攻”的方针，一步步地蚕食六国的土地，将六国推进万劫不复的深渊。当时一位纵横家景春曾对孟子说：“公孙衍、张仪难道不是真正的大丈夫吗？一发怒使天下为之惊怕，他们平时安居则天下也太平无事。”（《孟子·滕文公下》）《三国演义》中记孔明舌战群儒时说：“苏秦、张仪亦豪杰也。苏秦佩六国相印，张仪两次相秦，皆有匡扶人国之谋，非比畏强凌弱、惧刀避剑之人也。”（第四十三回）

苏秦，洛阳人，据说曾经跟从鬼谷子先生学习纵横之术，与张仪是同学。[1]曾经出游好几年，希望找个做官的机会，但后来“大困而归”，他的兄弟妻嫂之类嘲笑他说：“我们周人的习俗，积累产业，从事工商，每次追求十分之二的利益。而你每天放弃这些本业，靠着一张嘴来混饭吃，现在觉得倒霉，这不是自讨苦吃吗？”苏秦很惭愧，于是闭门不出，专门研究纵横之术。后来西至秦国，可是秦国国君正讨厌那些靠着口舌来取功名的人物，对苏秦的到来非常冷淡，只是说：“羽毛未丰满，就不可以高飞。国家还没治理好，就不能攻击别人。先生算了吧。”

于是苏秦改变了他的方针，因为只有处境最危险的国家才最有可能听从别人的意见，在六国中，燕国最小，又处在最北方（今北京及周围地区），北边与游牧民族接壤，东部与朝鲜、辽东相连，西部是强大的赵国，南部是强大的齐国。于是苏秦北上，以合纵策说服了燕王。燕王为他准备了车马和金帛之类礼物，去说服赵国。苏秦对赵王说：

> 臣曾查阅天下地图，关东六国的土地是秦国的五倍，兵力是秦国的十倍，假使六国团结为一体，齐心协力来攻打秦国，秦一定会失败。现在不如与韩、魏、齐、燕、楚等国联合起来，形成六国合纵的局面，来孤立秦国。让天下的将相聚会在黄河边上，互相交好，杀白马向天盟誓，如果秦国

① 据《史记·苏秦列传》注引徐广说：“颍川（今属河南）阳城有鬼谷，盖是其人所居，因以为号。”《风俗通义》曰：“鬼谷先生，六国时纵横家。”又据乐壹《鬼谷子》书云：“苏秦欲神秘其道，故假名鬼谷。”据今人郑杰文考证，鬼谷子实有其人，现在的《鬼谷子》大约是苏秦的听课记录。（见其所著《能辩善斗——中国古代纵横家论》，第 282—299 页，山东人民出版社，1995 年版。）

攻伐六国之中的任何一个国家，那么其他国家都有义务去援助。如果有的诸侯国不守信用，那么其他五国可以讨伐它。

就这样，苏秦说服了关东六国，使其结成联盟。关于苏秦说服人的技巧，在《史记·苏秦列传》中记载得非常详细。有时他采用危言耸听的办法，来刺激这些国君们的自尊心；有时用夸张的语言激励国君们联合抗秦的决心。最后，苏秦做了六国的纵约长，同时兼任六国的相国，将六国合纵的消息通报给秦国。这样，秦国东进的野心终于被限制，从而使天下太平无事十五年。

在《史记》中记载了一个有意思的细节。当苏秦身佩六国相印准备回到赵国去，六国派来护送的车辆之多，如同国君出行一样。路过自己的家乡，他的兄弟姐妹妻嫂等人竟然不敢抬头看他。苏秦笑着对他嫂嫂说："嫂嫂为什么以前那样高傲，现在为什么这样低声下气呢？"嫂嫂回答："是因为看到叔叔地位高黄金多啊。"苏秦仰天长叹说："人这种东西，富贵则亲戚都害怕你，贫贱则都嫌弃你。假使我在洛阳城外有两顷土地的话，我怎能佩带六国相印呢？"因苏秦家世代经商，所以从他和嫂嫂的言谈话语中可以体会到小商人的心理。

但是天下太平时间一长，诸侯之间总有这样那样的矛盾，作为纵约长的苏秦自然得东奔西跑，来消弭诸侯间的冲突，同时也自然招致诸侯们的猜疑。燕国有大臣对燕王说："苏秦是反复无常、卖国的人物，恐怕将来要作乱。"于是燕王免掉苏秦的官职。苏秦知道一定是有人说了自己的坏话，径直来见燕王，下面是他和燕王的一段对话：

苏秦说：“臣立功劳回来，而大王您却不再相信臣，这里面一定有人说了臣的坏话，认为臣不守信用。可是臣要告诉您，臣不守信用，这是国家的大福。臣听说忠信之道，实际上是为了自己；积极进取，是为了别人。况且我说服别国国君，从来没有欺骗过。假使现在有三位古代贤人如曾参、伯夷和尾生来侍奉大王，怎么样？”王回答说：“那就足够了。”苏秦说：“曾参是古代的大孝子，坚守信义，从来没有离开母亲单独在外过一宿，那么大王您又怎能使他步行千里之外为一个弱小的燕国、处境危险的君王出谋划策呢？伯夷是古代最为廉洁的人，坚守信义，不继承王位，不做周武王的臣子，也不接受周武王的封侯，最后饿死在首阳山下，这样的人物，他肯帮助您吗？尾生可说是守信用到了愚蠢地步的人了，他和一位女子在桥下约会，女子还没有来，大水冲下来了，但是他仍然不肯离去，最后抱着柱子淹死在水里。如果这就是所说的信义的话，大王您又怎能使他为您奔波千里消除国家的危亡呢？”

苏秦终于说服了燕王，恢复了官职。后来到齐国去，为齐刺客所刺，而凶手却没有踪影。苏秦临死之前，对齐王说：“臣死以后，请大王将臣车裂，在齐国示众，说‘苏秦为燕国在齐地作乱’，杀臣的凶手自然会出来。”于是齐王就按照苏秦的话去做了，刺客果然自己跑出来请功，但等待他的却是“车裂”这一残酷的刑罚。

在《战国策·秦策》中记载了当时人们对苏秦的评价：“苏秦做赵国的相国以后，秦国通向东方的重要关口函谷关从此以后被强迫关闭了，天下大事都取决于苏秦的计策，不费多少粮饷，不用多少军队，诸侯之间紧密团结，如同兄弟一样。”但到后来，人们对他的看法却慢慢地改变了。原因是苏秦的智慧以及说服人的本领给人留下了不守信用的印象，甚至苏秦的名字成了欺诈的代名词。到司马迁写作《史记》的时候，苏秦已经是“恶声”满天下了。司马迁对他评价说：

苏秦兄弟三人，都靠游说诸侯显名当世，他们主要靠的是权变之术。因为苏秦在齐国不光彩的死亡，天下传为笑谈，于是他的权术就不愿为人所提起，一些奇谈怪论也都推在苏秦身上。但这是很不公平的。苏秦从民间来到宫廷，使六国联合起来抵抗秦国，他一定有过人的智慧，所以要为苏秦立个传记，不让苏秦单独蒙受“恶声”。（《史记·苏秦列传》）

张仪是魏国人，同苏秦一起，求学于鬼谷子先生。苏秦认为自己不如张仪。后来两人学成以后，苏秦北上燕国，一朝发迹，佩带六国相印。而张仪当时还在四处奔波，游说诸侯。一次张仪与楚国的相国在一起饮酒，不料想发生了这样一件事。楚国的相国丢了一块玉璧，于是就有人怀疑是张仪偷的，对楚相说：“张仪家贫，品行不好，一定是他偷的。”就将张仪抓起来，打了个半死，但张仪最终也没有承认，于是楚相就放了他。爬回家后，其妻对他说：“假使你不读书，不去游说别人，哪里能自取其辱呢？”这时候张仪对他妻子说：“看看我的舌头还在吗？”其妻笑着说：“舌头还在。”张仪说：“这就足够了。”

当时苏秦已经做了六国的纵约长，但是他非常担心秦国的进攻，使刚刚建立起来的盟约被破坏，想找到一个能够出使秦国的人，想来想去，想到了张仪。于是派人找到张仪，这个人对张仪说："你和苏秦是同学，而现在苏秦已经做了大官，你何不投奔他呢？"张仪于是来到赵国，求见苏秦。可这时候，苏秦故意不见，同时也设法不让他离开赵国。后来他终于见到了苏秦，却遭到苏秦的羞辱，让他坐在堂下，赐给他粗糙的饭食。张仪抬眼一看，苏秦的面前摆满了山珍海味。这时候苏秦发话了，说："凭你的才能，自认倒霉到这种地步。不是我没能力使你富贵，而是你不值得我来帮忙。"张仪本来想求得苏秦的帮忙，却没有想到受到这样的奇耻大辱，于是一怒之下，就爬起身来说："必报此仇！"于是就来到秦国。

苏秦实际上使的是激将法，这是古代权谋书中经常使用的方法。等到张仪走后，苏秦对左右说："张仪是天下有名的贤士，能够在将来掌握秦国大权的，非张仪莫属。但我担心他贪图小利，不思进取，于是采用了这一激将法。"命令从人整备车马钱财，帮助张仪来到秦国，在受到秦王接见并被任命官职以后，从人才把事情真相告诉给张仪。张仪说："我中了苏秦的计策，尚不知道。我的智慧根本赶不上苏秦，将来只要苏秦在，我就不会找苏君的麻烦。"

张仪做了秦相，于是就开始了报仇的行动。他在给楚国相国的书信中说："我没有偷你的玉璧，可你却拼命地打我。请你仔细着，我将偷你的城池！"张仪开始实施他的计划——"连横策"。这条计策的实质是针对"合众弱以攻一强"的"合纵策"而来的，即"事一强而攻众弱"，先蚕食关东这些弱小国家，破坏这些国家的联盟。张仪认为"合纵"诸国之间存在着许多矛盾，因为从常理上来分析，即使是同一父母的兄弟姐妹，尚且有财产之类的纠纷，更何况六国之间合纵的基础并不牢固。同时六国之间的联合不是建立在周朝那样的血缘基础上，而是建立在权谋的基础上，种种利令智昏的行为很容易使这种盟约毁于一旦，因为没有强有力的约束使缔约各方坚守信义。

张仪的计划就这样顺利地推行着：他先说服魏国的国君，迫使他献出两座城池，当这位国君不愿意接受更进一步的敲诈时，秦国的军队已经兵临城下了；他又顺利地说服了其他六个国家，使用的仍旧是软硬兼施的手段，其中一些欺骗的手段最为卑鄙。如秦国将要攻打齐这个东方国家，为联合抵抗秦的侵略，齐、楚两个大国联合起来。这时候，张仪来到楚国，对楚怀王说："如果大王能听臣的话，断绝与齐的来往，臣将把秦国的六百里土地献给大王，同时还将秦国的公主许配给大王，秦楚两国成为兄弟之国。"楚王非常高兴，很轻易地断绝了与齐国的联盟。但是张仪回到秦国以后，假装坠车摔伤，三月没有上朝。这时候楚王认为："难道张仪怀疑我绝齐的诚心吗？"于是派遣勇士到齐国城下大骂，彻底断绝了与齐国的关系。齐王大怒，反而与秦国联合起来。这时候，楚使者找到张仪，请求那六百里土地。可这时张仪却说："当时我只许给楚王六里土地，没有说过六百里。"这时候轮到楚王发怒了，于是派大军攻打秦国，秦齐联合，斩首八万，反而使楚国丢了大片土地。

张仪为秦国出力甚多，使六国都屈服于秦国，但同时也得罪了一些大臣。正值新王即位，于是人们纷纷说他的坏话，说他是"反复无常卖国的小人，秦国不应该任用他，这样会让天下人耻笑"，于是自然就被秦王所疏远。后来张仪死在魏国。

苏秦、张仪二人曾被史学家司马迁叹为“真倾危之士哉”，意思是说这种人能量巨大，能使一个国家倾覆，人们不能不感叹他们的阴谋诡计所具有的强大力量。在当时“国无定交，士无定主”的情况下，这两位乱世英杰实际上主宰了当时各国的命运。他们在当时就被人称为“大丈夫”，是纵横家中最为杰出的人才。但孟子却不这样看，他认为真正的“大丈夫”是“立天下之正位，行天下之正道。得志，则与民由之；不得志，独行其道。富贵不能淫，贫贱不能移，威武不能屈”，这样的人才可以称为“大丈夫”。（《孟子·滕文公下》）人们习惯上认为苏秦、张仪二人讲究权谋，缺少信用，反复无常，如扬雄在《法言》中认为他们都是长于欺诈之人，圣人看不起这种人。陆贾在《新语》中也这样认为：苏秦、张仪两人地位尊崇到了顶点，他二人说服诸侯的本领是“国异辞，人异意”，但实际上随机应变的成分太多，没有一以贯之的原则。二人最后盛极而衰，身死于凡人之手、为天下人所耻笑的原因，陆贾认为是由于“辞语不一，而情欲放佚”（《新语·怀虑》）。但实际情况可能与此有很大出入，如苏秦一生没有背叛过弱小的燕国，张仪至死都记挂着秦国，在他们身上仍然保留着一些古老道德的影子。

三　朝秦暮楚

战国时代，士在国与国之间流动非常频繁，只要人主提供高官厚禄，这些士人往往轻易附就，所以这些士人往往给人以不守信义的印象，士人因此被猜疑而招致杀身之祸的事例屡见不鲜。

当燕国上下都在怀疑苏秦是否忠心时，他讲了这样一个民间故事来替自己辩护。大意是说，有一个男人在远方做小官吏，而他的妻子却与别人私通，男人快要回家了，那位奸夫非常担心，生怕事情泄露出去，可这位淫妇说："不要担心，我已经准备好了毒药等着他呢。"过了三天，她的丈夫果然回到家来，这位淫妇让他的妾奉上药酒。这位妾当时面临着两难选择：如果告诉她的主父说酒中有药，那么对她的主母来说，恐怕面临被驱赶回家甚至被杀死的命运；如果不告诉他的话，又恐怕药死她的主父。于是她急中生智，假装摔倒在地，将酒杯扔掉了。可是她的这位主父却勃然大怒，打了她五十鞭。小妾这样的一个举动，保全了两个人，自己却蒙受了不白之冤。苏秦说，我为燕国四处奔走，却招致了人们尤其是国君的猜疑，处境就和这位倒霉的妾一样，这就是"忠信获罪"的道理。

"朝秦暮楚"的出典在《战国策》这部书中。讲的是战国时代秦国的辩士陈轸的事情。陈轸和张仪都在秦惠王的朝廷中共事，都很有才能，但是两人非常合不来，常常向秦惠王说对方的坏话，想置对方于死地。张仪对秦王说："陈轸经常在秦、楚两大国间来往，楚国对秦国冷漠而对陈轸却非常友好，恐怕陈轸只想着自己，从来没有为国家考虑。现在我听说陈轸想离开秦国到楚国去，大王为什么不允许他呢？"于是秦王召见陈轸说："我听说你将要离开秦国到楚国去，有这回事吗？"陈轸猜出有人说他坏话，于是索性回答说："是。"接着替自己辩护说："这件事不只张仪知道，大路上的行人都知道。以前有位伍子胥忠于他的国君，天下都愿意有这样的大臣。有位曾参，对母亲非常讲孝道，天下人都愿意有这样的好儿子。所以卖掉的奴仆被邻里买去的话，那一定是个好奴仆；如果休回娘家的妻子嫁给乡里的话，那一定是个好女人。假使我不忠于自己的国君，那楚国又怎么认为我是忠诚的呢？如果因为忠心被怀疑，那么我不到楚国去还到哪里去呢？”秦王认为他说的有理，于是就改变了看法。

可是张仪仍不断地说陈轸的坏话，告诉秦王说：“陈轸多次把国家机密透露给楚国，他现在又要去，希望大王杀之。”秦王又召来陈轸问他这件事，陈轸于是又给秦王讲了一个民间笑话：楚国有位男士，娶了两个妻子，有人试图勾引年纪稍大的那位，却挨了一顿骂。勾引年纪稍小的那位，却成功了。不久以后，那位男士死了，有人问这个勾引别人妻子的人：“你是想娶这位年纪大些而骂过你的，还是娶那位年纪小的答应过你的妇人呢？”这个风流鬼说：“当然娶那位年纪大些的。”“大的那位骂过你，小的答应过你，你为什么娶年纪大的？”回答说：“以前这位年纪大些的是别人的妻子，那时我希望她答应我。而现在她成了我的妻子，我就希望她替我来骂别人。”于是陈轸说：“楚王是位贤明的国君，而楚国的昭阳君是出名的贤相，如果我是一个经常把国家机密透露给别国的人，谁还会相信我呢？”

在这些对话中，陈轸非常机智地替自己摆脱了非常不利的处境，虽然没有一味地为自己做辩护，但是却起到了非常积极的效果。如果被动地为自己做辩解的话，反而会增加敏感而残酷的国君的怀疑。而后来陈轸果然“朝秦暮楚”。《战国策·秦策二》中记载陈轸做楚王的谋士，齐楚绝交，齐伐楚，于是他为楚王出主意，希望秦国来帮忙。他给秦惠王讲了一个“卞庄子刺虎”的故事，大意是说，两虎为争人而斗，卞庄子准备救之，被人拉住说，等两虎争斗到一定程度，大者伤、小者死，那时得出手时再出手，可获两虎。后来秦惠王果然做了一次“卞庄子”，而齐、楚两国也就成了两只“伤老虎”“死老虎”了。从以上记载可以看出，陈轸有为秦“卧底”的嫌疑，表面上为楚，实际上为秦。“朝秦暮楚”这一典故流传下来了，它的大意是指人不坚守自己的诺言和信义，遇到风吹草动就容易改变自己的行为。

四　看哪，这些纵横家

在战国时代舞台上最为活跃的“无恒产而有恒心”的士阶层，与诸侯之间的关系不存在像西周社会那样的天然的血缘关系，也不存在必然的权利和义务关系。因为没有“恒产”（即固定的产业，如土地、农奴和社会、家族地位），他们可以毫不迟疑地离开自己的国家，当时“楚材晋用”“朝秦暮楚”的事件非常多。如商鞅本来是卫国的公子，曾做魏国丞相的家臣。后来听说秦孝公招纳贤者，于是奔波千里来到秦国，说服秦孝公推行新法，终于使秦国实现了富国强兵的目标。李斯是楚国人，曾从荀子学习帝王之术，后来来到秦国，终于帮助秦始皇实现了统一天下的志愿。对于怀抱理想的士人来说，风云卷舒的战国时代是他们大展才华的舞台，无数的英雄都在这个时代找到了用武之地。

当时颇多一些特立独行之人，认为道高于一切，为推行自己的思想席不暇暖。如墨子就是其中重要的一位。《吕氏春秋·离俗览》中记述墨子门徒公上过曾向越王“推销”墨子之道，当时越王高兴地说："如果墨子前来越国的话，我可以把原来吴国的土地交给他来治理。"于是公上过回复墨子。墨子问："依你看，越王能够听我的话用我的道吗？"公上过回答说："恐怕不可能。"墨子说："不只是越王不知我的道，就连你也不知我的道。如果越王听我的言论，采用我的道，我即使是自己亲自织衣，亲自种田，和老百姓一样，也无所谓。如果不听我的言论，用我的道，即使把全越都给我，我也无所用之。"但对于大多数纵横之士来说，根本不可能有这样崇高的境界，他们只是为了利益而你死我活地应用智谋。下文将要提到的范睢是深谙此道的，《战国策·秦策三》"天下之士合从相聚于赵"章记载：

> 天下之士合从相聚于赵，而欲攻秦。秦相应侯曰："王勿忧也，请令（今）废之。秦于天下之士非有怨也，相聚而攻秦者，以己欲富贵耳。王见大王之狗，卧者卧，起者起，行者行，止者止，毋相与斗者；投之一骨，轻起相牙者，何则？有争意也。"于是（使）唐睢载音乐，予之五十（千）金，居武安，高会相与饮，谓："邯郸人谁来取者？"于是其谋者固未可得予也，其可得与者，与之昆弟矣。
>
> "公与秦计功者，不问金之所之，金尽者功多矣。今令人复载五十（千）金公。"唐睢行，行至武安，散不能三千金，天下之士大相与斗矣。

当时，天下之士聚集赵都城邯郸准备攻秦，秦相范睢想出一个收买人心的办法，用钱来离间这些智谋之士的关系，使他们内部发生争斗。具体办法极为简单，就是像对待狗一样，给它们几根骨头，叫他们群起纷争，那么这种脆弱的合纵也就不攻自破了。于是，他命令唐雎带着五千金，敲锣打鼓地来到武安，整天饮酒高会，并对赵都邯郸的谋士们扬言："谁来争取重金？"那些坚决主张攻秦的谋士当然不会来取重金，而那些肯取重金的人都开始与秦交好了。后来范雎又给唐雎下了一个命令，就是不要计较金的去向和用金多少，尽管使用。唐雎又带着五千金来到武安，"散"金不到三千时，天下的谋士就已经打起内战了。《吕氏春秋·离俗览》中也用了"群狗争肉"的典故，说"争心"谁都有，只是治理好的国家的人"争"行义，治理差的国家的人"争"行不义而已。

由于士人阶层经常处在频繁的流动之中，使得这些君主既需要他们，同时又害怕他们，因为当时的君臣关系与其说是一种从属关系，不如说是一种契约关系。国君提供禄位，作为臣子的贡献自己的才华。一旦国君改变了主意，或者取消了对臣子的信任，那么臣子也大可不必为此哭哭啼啼，可以赶快走人，臣子的选择余地可能更大一些。《郭店楚墓竹简·语丛一》中说："君臣、朋友，其择者也。"意思是说，君臣关系如同朋友关系一样，是一种相互选择，彼此之间不存在硬性的主宰和服从关系，"良禽择木而栖，良臣择主而事"。在这频繁的社会流动中，要想在君主和臣子之间建立长远持久的信任关系实际上是很困难的事，君臣之间的关系非常微妙而脆弱。在《战国策·魏策二》记载了这样的一个故事：

魏国大臣庞葱要陪魏太子到赵都邯郸作人质。临行时，庞葱对魏王说："假使有人说市面上有老虎，大王您相信吗？"王说："不信。""两人说有虎，大王您相信吗？"魏王说："寡人开始怀疑了。""那么有三人说市面有虎，大王您相信吗？"王回答："寡人相信了。"庞葱说："市面上明明没有老虎，这是谁都知道的，但三人言有虎，大王您就相信了。而现在邯郸与大梁之间的距离比起市面来可远多了，背地里议论臣的肯定不止三人，希望大王您一定要明察呀。"话虽然这样说，等到太子结束了做人质的生涯，庞葱也就不被魏王召见了。

这是有名的"三人成虎"的典故，故事的含义是说，一件本不可能发生的事情，经过众口流传，也会变得和真的一样。文中的庞葱应该是魏王比较亲近的人物，所以才与太子在赵国做人质，但也正因为与君王关系太近，自然招致人们的嫉恨。在当时纵横家中还流行着"曾子杀人"的故事，曾子是古代少见的大孝子，曾母是古代有名的贤母，可是有一天接连三个人向她报告"曾参杀人"的时候。曾母只好扔下纺线的机杼，跳墙逃走了。纵横家们讲这个故事是说，即使像曾参这样的大孝子，曾母这样有名的贤母，尚经不住谣言的蛊惑，更何况君臣之间既无血缘亲戚关系，又无恒产可做抵押，那么自然也就没有了信义的基础。《战国策》中记载，乐羊是魏文侯的大将，受命攻打中山国，三年才攻下来。回来以后向魏文侯请功，魏文侯将一箧谤书指给他看，于是乐羊说："这不是臣的功劳，乃是主上的功劳。"在周代诗歌中有一首题为《青蝇》的诗，内容是说嗡嗡叫的青蝇落在篱笆上，至诚的君子千万不要听信谗言。原因是苍蝇能够使白的变成黑的，清洁的变成肮脏的。而人们之间相互倾轧的谗言却能使一个志向高洁的人物蒙受不白之冤。古语所说"明枪易躲，暗箭难防”，也是说谗言对人的巨大威胁。

古代哲人孔子曾说过一句非常有意味的话，“三军可夺帅也，匹夫不可夺志也”，强调个体人格的重要性。与这相似的话如“士可杀而不可辱”“无恒产而有恒心”，同样强调的是荣誉感对士人的重要。在荣誉感之外，强调气节，崇尚高尚人格，这在后来几乎成了士人的宝贵传统。在《吕氏春秋·上德》中记载的墨家巨子孟胜为阳城君守城就很说明问题。

孟胜与楚国的阳城君友善，阳城君把城托付给他，剖璜以为符信，说如果有人接管的话，必须合符。可是不久，楚国国君悼公死了，一些贵族作乱，用乱箭射死吴起，新王即位诛杀参与其事的人，阳城君自然难免，于是逃出楚国。楚人前来收回他的城邑。可是这时候孟胜说：“接受了他的城，和他有符为信，可是现在不见符信，又不能制止，不如死。”他的弟子徐弱说：“死了如果有益于阳城君，那么死也就死了，如果无益，又灭绝了墨家学派，不可。”但孟胜说：“不然，阳城君和我非师即友，非友则臣。如果不死的话，从今以后，人们求严师不会求墨者，求贤友不会找墨者，求良臣不会想到墨者，死了，是要推行墨者的信义。现在我准备将‘巨子’的名衔转给田襄子，我死，墨家不绝。”于是孟胜战而死，从死者一百八十三人。所以后世人们推究墨家消失的原因时，往往归因于他们的“信义”。

在当时不乏借国家之力以报私仇者，除上文介绍过的张仪外，魏人范雎的故事颇具有代表性。《史记·范雎列传》中记载说：

范雎是魏国人，很有才能，游说诸侯，做了魏国大臣须贾的家臣。有一次，范雎跟随须贾出使齐国，齐王早就知道范雎很有能力，善于辩论，于是派人赏赐给他牛肉、酒和金十斤，但是却被须贾怀疑他将国家机密泄露给齐国。等到回国以后，就将此事告诉给魏国丞相魏齐。魏齐大怒，命令将范雎打死。范雎装死，被扔在厕所里，让宾客们以尿溺之。后来范雎侥幸逃出来，在秦国使者的帮助下，来到了秦国，改名为张禄。

后来这位张禄帮助秦昭王治理国家，被任命为丞相。魏大臣须贾出使秦国，范雎穿着破衣去求见须贾，须贾见到他非常惊讶，“难道你还活着！”问他现在做什么，范雎说给人做长工。须贾非常可怜他，给了他一件袍子。可是第二天，须贾来到丞相府，抬头一看，所说的“张丞相”原来是范雎，于是磕头请罪。

剩下的故事是这样的，范雎虽然没有杀掉这位须贾大人，但结结实实地惩罚了他，同时命令他回国以后，一定要魏国将魏丞相魏齐的脑袋献上来，终于迫使魏齐自杀。

在古代，黄河流域属于干旱地区，水源奇缺。沿河各国往往达成协议，如春秋时代的霸主齐桓公就曾会集诸侯，发表大会宣言（即当时的誓命），其中就有“不要阻碍粮食运输，不要在河水上游建坝阻断水源”等内容，如果谁违反了这一协议，则“神人共诛之”。但战国时代，这一古老的战争公约根本不起任何作用，国与国之间不再遵守这些古老的战争道德。在《战国策》中记载了一个“东周欲为稻，西周不下水”的故事：

东周想要种稻，但西周在上流控制了伊水，截住了水流。于是东周国君非常着急。正巧当时的纵横家苏厉来到东周，对东周君说：“臣将要到西周，让西周下水，可以吗？”

于是苏厉就去见西周君，说："君王您的谋略有失误的地方，您不下水，会使东周更加富裕的。现在东周的百姓都开始种麦子了，不再种水稻了。君王如果您想要害他们一次，不如干脆给他放水，破坏他们的庄稼。这样一来，东周一定还会种稻，等到一种上，就再把水闸关了，这样东周一国的君民就都听命于大王您了。"西周君说："好。"于是就开闸放水。这受益的当然不只是东周，这位两面讨好的人自然也就收受了两家的黄金。

五　对纵横家的评价

战国时代是一个非常惨烈的时代，在中国历史上整整延续了二百四十多年，同时也是人的智慧得到最大限度发挥的时代。对在这一个时代起重要作用的纵横家的评价，在历史上向来难以统一。在动乱时代，人们往往幻想像苏秦、张仪那样施展自身的才能，来消除战乱，这时往往对纵横家评价很高；但在太平时代，人们希望稳定的秩序，人们希望在交往中恪守古老的礼仪传统，而不需要战国策士们的权谋和诈术，这时候对纵横之术的评价就极低。

这个时代是士人流动最为频繁的时代，同时也出现了一些思想，作为这种"流动"的心理基础。如在地下沉埋了两千多年的战国中后期的郭店楚墓竹简就认为，君臣关系与父子关系不同，不存在"死其君"的必要。其原因正如《语丛一》中所说："父，有亲有尊……友、君臣，无亲也，尊而不亲。"《六德》中说："为父绝君，不为君绝父。"父子之间有血缘关系，所以要比没有血缘关系的君臣之间的政治联系要紧密。《语丛三》中说："（君）……所以异于父者，君臣不相戴也，则可已。不悦，可去也。不义而加诸己，弗受也。"[①]君臣不是无条件的依附关系，而是一种相互选择的关系，不同于父子之间的前生注定、无法选择的血缘关系。孔子强调"道"高于君，"士"应该保持人格的完善和选择的自由，《论语·先进》中说："所谓大臣者，以道事君，不可则止。"可以说，郭店楚墓竹简发挥了孔子的这一思想。因为当时天下纷争，紧缺的是人才，最有忧患意识的往往是君主和那些贵胄。如《资治通鉴》卷一记载魏国公子子击会见当时有名的贤士田子方时："子方不为礼。子击怒，谓子方曰：'富贵者骄人乎？贫贱者骄人乎？'子方曰：'亦贫贱者骄人耳！富贵者安敢骄人！国君而骄人，则失去国；大夫而骄人，则失去家。失其国者未闻有以国待之者也，失其家者未闻有以家待之者也。夫士贫贱者，言不用，行不合，则纳履而去耳，安往而不得贫贱哉！'"

汉代大儒董仲舒对这个时代评价就极低，他认为，由于人们过分重视商业、战争、纵横之事，使得风俗非常刻薄，人们变得彼此不相信赖，欺诈成风，所以在统一的汉代，要"正其义不谋其利，明其道不计其功"。意思是说，要明确道德、伦理之类的"义"对整饬社会的作用，而不把个人私利的"利"放在首位；要明确儒家思想作为国家的指导思想的意义，而排斥法家讲究功

① 李零：《郭店竹简校读记》第五组简文，陈鼓应主编：《道家文化研究》第十七辑，第 526 页，生活·读书·新知三联书店，1999 年版。

利的思想，最终要恢复礼仪社会的道德。同时他有鉴于纵横家们轻于去就，拿国家当儿戏，将国君当玩偶的事实，明确提出“三纲五常”，其中的“君为臣纲”是具有现实根据的。原因是当时天下只有一位君主，臣没有选择的余地。“君”主宰着“臣”的命运，所谓“君要臣死，臣不得不死；父要子亡，子不得不亡”。人们尽可以说是“愚忠愚孝”，但对大一统之下的“臣”“子”来说是根本没有办法的事情。

汉代刘向在编辑《战国策》之后，曾对这个时代的历史演变做过一段比较准确的分析，大致是说，在西周时代，人们基本上遵守着淳朴社会的礼仪，交往之中遵守信义的原则；到了春秋社会，虽然社会等级秩序有所动摇，但基本没有改变礼仪社会的性质；而到了战国以后性质却发生了根本的变化，人们变得贪婪阴险，根本不再相信那些古老的道德。明末清初的顾炎武在论述周末风俗时，也有一段精彩概括，大意是说，在春秋社会中，还“尊礼重信”，而七国时代绝对不再说及礼、信之类的道德了；春秋时代人们还尊周天子，但在七国时代没有人再提“尊王”了；春秋时人们还对祭祀祖先的事情非常热衷，强调各国之间的礼节性联系，但在战国没有谁把这当作一回事[①]……当时是“邦无定交，士无定主”，彼此之间丧失了信义的原则。他认为，这是中国历史的一次大倒退。

① 顾炎武：《日知录》卷十三“周末风俗”条，花山文艺出版社，1991 年版。

侠客：舍生取义的典范

一 社会正义的体现者

最早给侠客立传的是古代大史学家司马迁，在他以前的儒家、法家对侠客往往加以排斥，一些侠客故事因此消亡，到司马迁写作《游侠列传》的时候，以至“自秦以前，匹夫之侠，湮灭不见”，所以他要专门为那些“乡曲之侠”立传。

在《游侠列传》开篇，史家有一段议论，大致说那些古代卿相士大夫，他们凭借着自己的“术”来建立功名，所以理所当然地为正史所记载；那些儒家人物如孔门弟子季次、原宪，面对污浊的现实，往往采取回避的态度来独善其身，对下层百姓的悲哀往往无力拯救；而对于游侠来说，积极干预生活，为老百姓伸张正义，几乎是他们的职业道德。司马迁有一段精彩的分析：

> 今游侠，其行虽不轨于正义，然其言必信，其行必果，已诺必诚，不爱其躯，赴士之厄困，既已存亡死生矣，而不

矜其能，羞伐其德，盖亦有足多者焉。

这段话大意是说，游侠的行为虽然和所谓“正义”不合拍，但是他们拥有自己的道德要求，这就是做出的诺言一定要付诸实施，做某事一定要达到目的，即使为之献出生命也毫不顾惜。在实践了诺言以后，往往不夸大其词，诉说自己的功德，他们的行为有很多值得赞美的地方。史家的这段议论，实际上也是侠客群体的写照，可以说无论在历史上的侠客还是文学作品中的侠客，基本上都体现了这一共同特点。

战国是侠客最为活跃的时代，当时的一些养士大户门客动辄上千人，其中相当一部分是侠士，后代流传着许多关于他们的故事。韩非曾说过：“儒以文乱法，侠以武犯禁，而人主兼礼之。”（《韩非子·五蠹》）意思是说，儒家凭借文学来扰乱法律的实施，侠客凭借他们的武力违反禁令，可是国君们却把他们作为上宾来对待。韩非从法家观点来看待问题，他认为，如果一个社会一切听命于法律的话，那么游侠的存在就显得毫无必要。实际上游侠行为本身就是一个矛盾体，一方面在维护社会正义的同时又“以武犯禁”，惩罚罪恶的同时又造成了新的社会罪恶，从而增加社会的不稳定因素。另一方面，这些游侠所遵守的道德原则是这样的简单，所谓“士为知己者用”，只要有哪位士大夫礼待他，那么往往不论这位大夫出于什么动机，轻为之死。游侠行为在很大程度上可以看作是以个人的力量来反抗社会。

越是动荡不安的社会，游侠行为越是如鱼得水。但在社会恢复秩序以后，统治者就开始整顿法律，消灭这些以武犯禁的游侠。所以在中国社会有一个有趣的现象，即侠客往往出现在改朝换代之际。

中国古代的游侠与西方的骑士不太一样，其相似的一面是双方的出发点都是出于正义的感召，但与骑士的仗剑孤骑走天涯的浪漫故事不相同的是，中国古代的游侠却是生活在人群之中。他们一般不喜欢张扬，往往奉行忠、孝、信、义等素朴的道德，因为将生死看得很淡，往往在出于市井、演出一幕悲壮故事以后，就急匆匆地退场了。同时古代的游侠故事也与现代的新派武侠小说不同，因为它不是将人置于大漠孤烟的所在，这些侠客也不是餐风饮露，不食人间烟火，而是产生于平民之中，外貌与别人没有什么不同，武艺也没什么了得，但是却能以他们的侠义心肠为人们所敬重和信赖。侠客的道德实际上代表了中华民族精神最可宝贵的方面。

什么是侠客的道德呢？《说苑》卷四说：

> 王子比干杀身以作其忠，尾生杀身以成其信，伯夷、叔齐杀身以成其廉，此四子者，皆天下之通士也，岂不爱身哉！以为夫义之不立，名之不着，是士之耻也，故杀身以遂其行。因此观之，卑贱贫富，非士之耻也。夫士之所耻者，天下举忠而士不与焉，举信而士不与焉，举廉而士不与焉。三者在乎身，名传于后世，与日月并而不息，虽无道之世，不能污焉。然则非好死而恶生也，非恶富贵而乐贫贱也。由其道，遵其理，尊贵及己，士不辞也。

“忠”“廉”“信”也是侠客的道德，除此之外，还有

“勇”字。在上文中，刘向认为“忠”是臣对君的义务，但在先秦时代，“忠”不单纯指“臣”对“君”的忠心，同时也指对朋友、对他人的“忠”，这一意义与“信”大致相同，孔子说“为人谋而不忠乎”就是这个意思。“廉”指廉耻、不贪，《庄子·刻意》中说：“众人重利，廉士重名，贤士尚志，圣人贵精。”《说苑·谈丛》：“义士不欺心，廉士不妄取。”“信”是遵守诺言的意思，如上文的尾生。据古书记载，尾生与一女子在桥下相约，女子未来，大水先至，所以尾生抱着桥柱而死。“勇”指的是敢于赴死的精神，古人说“勇不逃死”，《孟子》说：“志士不忘在沟壑，勇士不忘丧其元。”除了上述四点以外，侠客从来不把贫穷当作耻辱，而将其当作磨砺意志的手段。《说苑》卷四引子路之语说：“不能勤苦，不能恬贫穷，不能轻死亡，而曰我能行义，吾不信也。”《说苑·谈丛》：“士不以利移，不为患改，孝敬忠信之事立，虽死而不悔。”

二　赵氏孤儿

这是一个非常有名的故事，最早记载在春秋时代的史书《左传》中，但记载较为简略，一些重要的细节没有体现出来。到司马迁写作《史记·赵世家》时，将编年史的几条记载扩展成非常动人的历史故事，下面简单介绍一下这个故事的来龙去脉：

赵氏是春秋时代晋国的一个古老家族，其来源可以推至传说时代。到赵衰时，因为和晋国国君一起流浪在外多年，返国以后，凭着功劳世代做晋国的上卿。后来，赵盾继承父业主持晋国国政。但是当时国君晋灵公年轻，不行君道，赵盾多次劝谏他，终于导致君臣之间矛盾激化。

后来灵公多次试图杀害赵盾，都没有成功，反被赵氏宗族的赵穿杀死。当时准备逃亡但还未逃出国境的赵盾被迎接回来，处理善后事宜。可是晋国的史官在史书上写下了“赵盾弑其君”这几个字。原因是他逃亡没有越过边境，回来以后没有讨伐杀害国君的“贼子”。

千万不要小看“赵盾弑其君”这几个字，古代史家书写历史时笔法是至为谨严的，即“一字之褒，荣于华衮；一字之贬，严于斧钺”。意思是说，在这一字千金的史书中，一字的褒扬比穿上华贵的官服还要荣耀，而一字的贬损却比斧钺诛杀还要可怕。这五个字尤为关键的是“弑”字，因为这是“下”谋杀了“上”，“臣”谋杀了“君”，这在当时是大逆不道的行为，是对社会等级制的对抗。与这类似的事件在齐国也曾发生过，当时齐国的大臣崔抒杀死了国君，而太史将这件事书写在史书上了，是“崔抒弑其君”这几个字。当时崔抒用死亡威胁太史，要他删掉这几个字，即使连续杀了太史兄弟二人，仍然达不到目的，后来这个刽子手终于手软了，放下了杀人的屠刀。但不久以后，灭族的惨祸就来到了。对世袭制度下的强臣大族来说，这几个字就像即将到来的“末日审判”，走向审判台的不只是他们，同时也包括他们的子孙；同时更像一场噩梦，时时折磨着他们那脆弱的神经。在《史记·赵世家》中就记载了赵盾奇梦，说他梦见了赵氏先祖，哭得非常悲痛，不久又笑，拍着手唱起歌来。于是赵盾就命令人占卜，史官根据卦象上的显示判断说：“此梦非常凶，不降临在你身上，就会落在你的子孙身上，但还是因为你的过错。”预示了这终究要到来的家族悲剧。

赵盾死后，他的儿子赵朔做了晋国的下军元帅，娶了晋成公的姐姐为夫人。这时候原来灵公的宠臣屠岸贾作难，将杀害灵公的罪名强加于赵盾身上。对众将说：“赵盾虽然不参与具体谋杀，但他毕竟是贼首。以臣弑君，而他的子孙还在朝廷之上，以后还靠什么来惩罚罪人呢？一定要诛杀赵氏宗族。”于是没有向国君请示，就率领诸将将赵氏宗族尽行诛灭。

当时赵朔的妻子已经怀有身孕，在大难开始之际，回到宫中去避难。这时候原来赵氏的门客公孙杵臼见程婴说：“为什么不为赵氏而死呢？”程婴回答说：“赵朔有一个遗腹子（即父死后，尚在母腹之子），不知是男是女。如果侥幸是男孩，那么我来侍奉他。如果是女孩，那么我就跟着赵宗族一起死了算了。”过了不久，赵夫人果然生下一个男孩。可是屠岸贾听说以后，率兵进宫，强索这个孩子。赵夫人将孩子放在裤裆中，心中暗暗祈祷说：“如果你哭泣，赵氏宗族就要彻底灭亡了。要是不让赵氏宗族灭亡的话，就千万别出声。”屠岸贾将宫中都搜遍了，还是没有搜到孩子。孩子终于脱身了，但是屠岸贾肯定不肯善罢甘休的，以后怎么办？

中国古代有个非常形象的成语叫“斩草除根”，就像芟除田里的野草一样不留一点根芽，怕它重新滋生。反映在社会中，实际上是古代早期社会血亲复仇野蛮行为的遗留。在贵族社会中，贵族本身不只在宫中担任重要角色，同时他也是整个宗族赖以庇荫的“大树”。所以一旦这棵大树遭到非常之灾，那么他的整个宗族也就“覆巢之下无完卵”，一起玉石俱焚。因为当时贵族阶级大量占有土地、山川和湖泊，一旦宗族被消灭以后，这些财产也自然为强邻所占有。实际上许多野蛮的行为都是以财产占有为背景的。“兴毁宗，继绝世”在贵族社会早期曾经是一种非常高尚的行为被史家所赞美，但在后期，“斩草除根”以免“死灰复燃”，这种残酷的屠杀成了春秋史上常见的现象。

这时候屠岸贾下令国民：“如果三天内交不出赵氏孤儿，晋国一岁以下的男孩一律处死。”公孙杵臼对程婴说：“事情非常危急了，教育孩子成人和死哪一项更难些？”程婴回答说：“死当然容易，而立孤却非常难。”公孙杵臼对他说：“赵氏先君对你非常好，你勉力做难事吧，我做容易的事。”于是二人约好，程婴献出了自己的儿子，冒充赵氏孤儿，由公孙杵臼背负着，藏匿于山中。这时候程婴前去告密说：“如果赏给我千金，我告诉你赵氏孤儿在哪里。”于是屠岸贾信以为真，率领诸将在山中将公孙杵臼搜出，公孙杵臼假意大骂程婴说：“小人哪，程婴。你是赵氏门客，却不和赵氏一起死亡。现在你又来谋杀赵氏孤儿，你可真无耻啊！”屠岸贾将公孙杵臼杀死，同时也杀了假的赵氏孤儿，以为真的除了心腹之患。

过了十五年，赵氏孤儿（名字叫赵武）已经长大了，在朝中大臣的帮助下，回到晋国。国君下令洗刷赵盾的罪名，同时将屠岸贾满门抄斩。这时候，立有大功的程婴辞别赵武说：“以前赵家被灭门的时候，我不是不想死，只是想为赵家立后。而现在，你已经长大成人，我将报答赵氏祖先赵盾和我的朋友公孙杵臼了。”于是来到山中公孙杵臼的坟前，自杀而死。

这在古代是一个非常有影响的故事，程婴与公孙杵臼是古代“忠义死节之士”的典型，受到司马迁的高度赞扬。《说苑·立节》中说：“士君子之有勇而果于行者，不以立节行谊，而以妄死非名，岂不痛哉！士有杀身以成仁，触害而立义，倚于节理而不议死地，故能身死名流于来世，非有勇断，孰能行之？”在古代“食其禄者死其事”是公认的道德准则，《国语·晋语八》记当时辛俞之语：“臣闻三世仕于家者君之，二世者主之。事君以死，事主以勤，为其赐之多也。”但程婴与公孙杵臼不是单纯地以死来报答赵家的恩惠，为了“存赵孤”不惜献出自己的生命与亲生子，最后相期而死，真实地体现了侠士们的忠、信、勇等高尚品德。《新序·节士》引君子曰：“程婴、公孙杵臼可谓信交厚士矣。婴之自杀下报，亦过矣。”说明在刘向的时代，人们对侠客的观念已在改变了。

这个故事在史书中还远远没有完结。赵氏宗族后来又逐渐强大起来，赵武做了晋国的卿士，同时也是诸侯们的盟主，在晋国的公族争斗中，始终立于不败之地。后来联合韩、魏两家一起将晋国瓜分了，在历史上称为“三家分晋”，这是发生在公元前403年的事情，从此以后战国时代就开始了。战国时代的赵国，演绎出了一系列感天地、泣鬼神的故事，当然这是后话了。

元代著名剧作家纪君祥的名作《赵氏孤儿》是据上述历史记载改编而成的，将血族复仇的行动改编为传统意义上为中国人所喜欢的忠奸斗争。经学者研究，这四折戏有他所处的时代背景。因为当时正值南宋亡国不久，南宋灭亡的惨剧在人们头脑中还残留着。南宋皇帝姓赵，他们一直认为是春秋晋国赵氏的后裔，所以这本戏很容易激起当时的民族感情。后来这本戏被法国启蒙时代的思想家伏尔泰改编成拉丁语版本，起名为《中国孤儿》。

三　偶像破坏者

古代皇帝往往自命为“天子”，认为自己受命于天，并以天的名义行诛罚之事，“顺我者昌，逆我者亡”。当只有五十里土地的小国安陵国的使臣唐雎出使秦国的时候，秦王就是这样向他讲述“天子之怒”的：“天子之怒，伏尸百万，流血千里。”但是对于具有侠客气质的唐雎来说，却毫不惧怕，于是向不可一世的秦王讲了一段“布衣之怒”：

> 唐雎曰：“夫专诸之刺王僚也，彗星袭月；聂政之刺韩傀也，白虹贯日；要离之刺庆忌也，仓鹰击于殿上。此三子者，皆布衣之士也，怀怒未发，休祲降于天，与臣而将四矣。若士必怒，伏尸二人，流血五步，天下缟素，今日是也。”挺剑而起。

这终于迫使强暴的秦始皇屈服。唐雎所列举的古代人物如专诸、聂政、要离，都是春秋时代著名的刺客，他们同样面对残暴的君王，却以他们的勇气，向这些罪恶的化身做出最后的一击，宁可同归于尽。所以他们的故事到后来广为传诵，司马迁将他们的事迹写入《刺客列传》。

在诸多侠客故事中，“荆轲刺秦”的故事是非常有名的。当时秦朝的大军已经席卷天下，关东六国的覆亡已经指日可待了。

眼看秦国的大军就要打到北方的燕国，这时候，“刺秦”的行动也就开始酝酿了。

燕太子丹曾经在赵国做人质，而秦国的嬴政即后来的秦始皇也在赵国做人质，两人相处很友好。后来嬴政返国以后，做了国君，燕太子丹又在秦国做人质，但秦王待他很冷淡。当秦王开始吞并天下的时候，燕太子丹从秦国逃回，估计六国的军队已经无法抵御秦国的进攻，于是同燕国的一班志士共同讨论如何来报复秦国，这时候一个“刺秦”的计划正式形成了。

荆轲喜欢读书击剑，曾与当时的剑客如盖聂、鲁句践谈论剑道。后来来到燕国，和当地善于击筑（筑是一种乐器）的“狗屠”高渐离友好，二人每天在市井中饮酒，喝到高兴时，高渐离击筑，荆轲和而歌之。经常唱着唱着，落下泪来，旁若无人。荆轲虽然每天周游于酒客之中，但是其人深沉，喜欢读书，喜欢交结英豪，所以在燕地很知名。

后来经人引见，燕太子丹拜见荆轲，对荆轲说：“秦王想要并吞天下，已经灭掉了韩国，而楚、赵两国不能对付秦国。现在燕国整个国家也不能支撑。如果有个勇士出使秦国，劫持秦王，迫使他归还侵占的土地。如果他不答应，就刺杀他。这样，在外的那些统兵的元帅们一定会发生内乱，诸侯们重新合纵在一起，一定会打败秦国。”经过燕太子丹的再三恳求，荆轲终于答应了。

从上文可以看出，荆轲喜欢读书，为人深沉，这是典型的侠客品格，对待“刺秦”这样的大事采取了极为慎重的态度。古人说：“言行，君子之枢机……枢机之发，荣辱之主也。”“言行，君子所以动天地也。”“刺秦”对荆轲来说，也是最大的挑战。

但过了很长时间，荆轲仍然没有出使秦国的意思。而这时秦国已经将赵国灭亡，大军快要打到燕国了。这时候燕太子丹对荆轲说："事情已经非常危急了。秦军很快就要度过易水河（燕国的南界），那时，即使我想要长期地侍奉您，又怎么可行呢？"荆轲回答说："如果出使秦国，而没有什么东西使他相信我们的诚意，那么也无法接近秦王。我听说，秦国的大将樊於期在燕国，秦王悬赏黄金万斤、城邑千家来购买他的头，如果得到樊将军的头和燕国督亢地区的地图，奉献给秦王，那么，秦王一定会非常高兴地接见臣，那时，臣才可以实施自己的计划。"但是太子丹心中不忍。

于是荆轲自己面见樊於期说："秦对将军您可真是厚待了，您的父母宗族都被杀了，现在听说用黄金千金来购买您的头。您将怎么办？"樊於期仰天叹息说："於期每天都想着此事，但不知怎样来报仇。"于是荆轲就将自己的计划告诉他，于是樊於期左袒上身，紧握手腕说："这是臣日夜想要做的，现在才得以实现。"于是拔刀自杀。

荆轲又得到了当时最为锋利的匕首，用毒药熏染。于是带着副使秦舞阳出使秦国。燕太子丹和众多宾客知道此事，都穿戴着白色衣冠送行到易水边上。高渐离击筑，荆轲和而歌，唱着悲凉的曲调："风萧萧兮易水寒，壮士一去兮不复还。"于是登车西去，始终没有回头。

到了秦国，秦王大喜，在咸阳宫殿召见燕使者，荆轲捧着装着樊於期头颅的匣子，秦舞阳捧着装有地图的箱子，按照次序进献。但是秦舞阳看到秦王的威仪，感到非常害怕，脸色都变了，这引起了秦王群臣的猜疑。这时候荆轲说："下国之人，没有见过大国的威严，希望大王允许他完成这一使命。"于是，荆轲拿过秦舞阳所持地图，来展给秦王看。秦王打开地图，展开到最后，露出了藏在里边的匕首。于是荆轲左手抓住秦王的衣袖，右手抓住匕首。可是秦王一惊，衣袖就被扯断了，绕柱狂跑。在群臣的帮助下，秦王将宝剑拔出，将荆轲砍倒在地。

韩愈说："燕赵自古多慷慨悲歌之士。"荆轲凭借个人的勇敢刺杀强暴的秦王，从表面上看他是遵守对燕太子丹的诺言，捍卫侠士们已诺必成、不爱其躯的传统，类似于古人所说的"小信"，但更本质的是这一刺杀行为中所体现出来的不畏强权、视死如归的人类精神。《吕氏春秋·士节》："士之为人，当理不避其难，临患忘利，遗生行义，视死如归。有如此者，国君不得而友，天子不得而臣。"荆轲没有完成刺杀秦王的使命，成为千古憾事。我们无法预测这一刺杀事件如果成功是否会改变历史进程，是否会改变六国灭亡的命运，是否延缓统一的步伐，但我们必须对这一勇敢的侠客行为表达由衷的赞美之情。侠客品格也是中华民族宝贵的性格。

接下来的故事是，燕太子丹的这一刺杀行动招致了秦王最为疯狂的报复，他命令秦国的大军席卷燕国，迫使燕国君臣逃到遥远的辽东地方，但是，秦军仍然紧追不舍，无奈之下，燕王杀了太子丹来缓解秦王的大怒。但不久，燕国也就灭亡了。于是秦王又命令追捕燕国的门客，这时候荆轲生前的好友高渐离逃到一大户人家做苦工。一日，忽然听到击筑之声，于是彷徨不忍离去。主人就约他奏一曲，一座皆惊，高歌一曲，举座流涕。后来不知怎么被秦王知道了，有人认识他，说："高渐离也。"可秦王喜欢他的击筑声，就将他的眼睛弄瞎，让他击筑。慢慢地，秦王放松了警惕。一日，高渐离在筑中放铅，准备击杀秦王，但没有击中，于是被杀。

四　史书中的侠客群像

中国古人向来富有正义感，每当政治黑暗、忠臣落难之时，总是有无数素不相识的人冒着生命危险来解救他们。大思想家孔子说过："志士仁人，无求生以害仁，有杀身以成仁。"（《论语·卫灵公》）这里所说的"仁"是一种道德理想，为了这种理想，可以牺牲生命。"杀身成仁"的思想实际上深刻地表现了中国文化中蕴含的侠客品质。

在中国早期历史上，当时人们还没有被后来的儒家思想所规范，人们心中充溢着原始的生命活力。在动乱时代，侠义行为首先是一种人生观，规范着人们的心灵，同时也是当时评价人物的标尺。侠客的道德是与那些贪生怕死、畏刀避剑的侏儒道德相对立的，同时也是与儒家的独善其身、道家的与世无争相对立的。当那些生活在下层的人民的痛苦呻吟无法感动所谓的"青天"的时候，往往是这些侠客的英勇行为使正义得到伸张。虽然很多侠客在历史上连姓名都没有留下来，但是他们的故事却感人肺腑。在《吴越春秋》中记载了伍子胥的故事，故事情节大致是这样的：

伍子胥是楚国人，其父是楚国名臣伍举。后来由于奸臣进谗言，与伍子胥之兄一起为楚平王所杀。在楚国的追捕中，伍子胥准备逃亡到楚的敌对国家吴国去。一天，他来到江边，只见一位渔翁在江中撑船，听到岸上有人呼唤，于是将船靠岸。渔翁一看伍子胥疲惫不堪的样子，对伍子胥说："您在岸边稍稍等待一下，我给您拿干粮。"过了一会儿，伍子胥害怕后有追兵，躲在芦苇丛中。

等到渔翁回来，伍子胥从芦苇中出来，吃了渔翁带来的干粮，渔翁将他送到对岸去。伍子胥解下自己的宝剑，赠送给渔翁，说："将这个罐子的口堵住，不要让饭浆溢出来。"渔翁明白他的意思，拒绝了他的宝剑，划船到江心以后，船突然翻沉到江中。

当时楚国已经布下天罗地网，来捉拿伍子胥。但越是危险的环境，越能激发人的忠愤之气。文中的不知名的渔父一定是个有侠义心肠的人物。对侠客来说，荣誉是至为重要的，士为知己者死，是侠客的信条，对士的猜疑就是对士的侮辱。在《史记·刺客列传》中记载了豫让刺赵襄子的故事：

豫让是原来晋国大族智氏的家臣，智氏被灭亡以后，韩、赵、魏三家瓜分了智氏的土地。赵襄子最恨智伯，将其头颅涂上油漆以为"饮器"（古人注为"溺尿之器"）。豫让这时候遁逃于山中，仰天长叹说："哎！士为知己者死，女为悦己者容。智伯了解我，我一定要为他报仇而死，这样我的灵魂才不会感到羞愧。"于是改变名姓，化装成一个受过刑的人，来到赵襄子的宫中，装作刷厕所。这时候，赵襄子来上厕所，忽然感到一阵心慌，预感到某种不祥，于是命人盘查旁边这位"刑人"，果然是刺客豫让，扬言要为智伯报仇。赵襄子知道豫让是个贤士，于是将他放了。

可是豫让的报仇计划却没有停止，他将周身涂上油漆，吃了一些木炭，使嗓子变哑，浑身长满了疮疤，在大街上行乞。他的朋友认识他，说："凭你的才能，来侍奉赵襄子，那你一定会得到信任，何苦自我摧残到这种地步呢？更何况智伯已死，谁来赏识你呢？"豫让说："我之所以这样做，是要使那些怀着二心侍奉主人的人感到羞耻。"

后来豫让打听到，赵襄子准备出行，于是预先埋伏在桥底下。可是当赵襄子来到桥上时，马突然受惊，赵襄子知道有人埋伏，说："这人一定是豫让。"于是赵襄子对他说："你以前曾为别人的门客，后来才做智氏的家臣，为什么一定要为智氏报这个仇呢？"豫让回答说："别人把我当成一般人，但智氏却把我当成国士，我当然要以国士的身份给他报仇了。"于是赵襄子说："你为智氏报仇，名声也已经传出去了。我也曾经放过你，做得也够了。现在我不会再放过你的。"派兵围住他。这时候，豫让提出一个要求，说："臣听说明主不掩人之美，忠臣有死名之义。希望大王将您的衣服给我，借以让臣表达报仇的意思，那么虽死不恨。"于是，襄子派人将衣服送给豫让，豫让连击三次，说："我可以报答在地下的智伯了。"于是自刎而死。

前文关于信义的思想体现为"报恩"的行动，《说苑·复恩》中说："夫施德者，贵不德。受恩者，尚必报。"古人有"生报""死报"之说，生报其恩，死报其仇，信义使然。与豫让相似的侠客故事还有聂政刺韩相侠累的事迹，见《史记·刺客列传》：

聂政因为杀人避仇，同母、姊到齐国，在市场上做了一个屠夫。韩国的严仲子同韩国的相国侠累有仇，于是严仲子四处找人报仇。他打听到聂政，于是以千金结交。后来聂政母死，聂政对严仲子说："臣不过是一个市井之人，在市场上杀狗宰猪为生。可您是一国之相，不远千里来与我结交。以前没有轻许您的要求，只是因为老母尚在，而现在老母已经故去，现在我将为知己者用。"于是严仲子告诉他说："我的仇人是韩国的相国侠累，是韩国国君的季父，宗族盛多，居所常有大兵来守卫。我多次派人刺杀他，都没有成功。"于是聂政领命，直奔韩国，在大堂之上将侠累刺杀。这时候侍卫们已将聂政围住，聂政估计自己难以脱身，于是将自己脸上划了几刀，然后自杀。

韩国将其尸体放在大街上示众，悬赏千金来弄清死者身份，但很久也没有人指认。聂政的姐姐聂莹知道了这件事，说："那一定是我的弟弟聂政。"于是来到韩国，一看，果然是聂政。这时候有韩国人说："难道您不知道韩国悬赏千金访求死者名姓的事吗？你怎敢来认他呢？"聂莹说："我弟之所以蒙受侮辱在市井之间卖肉，是因为母亲健在，我还没有出嫁，而现在母亲已经死去，妾也已经出嫁，于是就接受严仲子的托付。士为知己者死，可是我又怎么可以埋没弟弟的名声呢。"于是大哭。最后，悲伤地死在聂政的身旁。

在古代史书中，只有《史记》和《汉书》为游侠立传，此后便无以为继，史家不再为游侠立传了。于是就出现了这样一个局面，讨论汉以后的游侠，我们不可能借助于史料的支持了。

人们习惯上认为，这是因为游侠消亡了，史家没有什么资料可以凭借。如梁启超就认为“中国武士道之消亡”始于西汉时代文、景、武三世诛杀游侠，从此以后一蹶不振。[1]汉代的班固评论说，游侠之道，以“战国四公子”时最为兴盛，每人都豢养门客三千余人，以交通邻国。于是“背公死党之议成，守职奉上之义废矣”。像汉初的朱家、郭解等人，虽然有“温良泛爱，振穷周急，谦退不伐”之美称，但是“不入于道德，苟放纵于末流”，所以“杀身亡宗，非不幸也”。（《汉书·游侠传》）荀悦曾著《三游论》认为：

> 世有三游，德之贼也。一曰游侠，二曰游说，三曰游行。立气势，作威福，结私交以立强于世者，谓之游侠；饰辩辞，设诈谋，驰逐于天下以要时势者，谓之游说；色取仁以合时好，连党类，立虚誉以为权利者，谓之游行。此三者，乱之所由生也；伤道害德，败法惑世，先王之所慎也。
>
> 凡此三游之作，生于季世，周秦之末尤甚焉。上不明，下不正，制度不立，纲纪弛废；以毁誉为荣辱，不核其真；以爱憎为利害，不论其实；以喜怒为赏罚，不察其理。上下相冒，万事乖错，是以言论者计薄厚而吐辞，选举者度亲疏而举笔。善恶谬于众声，功罪乱于王法。然则利不可以义求，害不可以道避也。是以君子犯礼，小人犯法，奔走驰骋，越职僭度，饰华废实，竞趋时利。简父兄之尊而崇宾客

① 梁启超：《中国之武士道》，广智书局，1904年版。

之礼，薄骨肉之恩而笃朋友之爱，忘修身之道而求众人之誉，割衣食之业以供享宴之好，苞苴盈于门庭，聘问交于道路，书记繁于公文，私务众于官事，于是流俗成而正道坏矣。

荀悦此番论述可以说是抓住了要害，解决了三个问题：第一，什么是“三游”？即游侠、游说、游行，这三者都对既定的道德伦理秩序构成很大的伤害，是“德之贼也”。“游侠”属于社会上拉帮结伙、作威作福的“强梁”；“游说”属于那些没有什么道德根基，善于把握时势，喜欢辩词诈谋来获得高官厚禄的家伙；“游行”是属于那些将自己伪装得像道德君子，而实际上结朋党、互相抬高彼此声誉来获得权利的那批人。这三类人物，用荀悦的话说，是“乱之所由生也；伤道害德，败法惑世，先王之所慎也”。第二，上述“三游”出现于王道季世，尤其以周、秦之末为最甚，当时统治秩序大乱，制度不立，纲纪弛废，人们凭借只言片语、个人的喜怒爱憎来行使管理的权利，成了“三游”滋生的土壤。第三，正是由于“三游”的活动，使既定的礼法观念形同虚设，人们不再把对父、兄的尊重视为天理，不再把“孝”“悌”作为道德依归，不再讲求父子、夫妻等骨肉之恩，而把对宾客、朋友的信义作为立身于世的重要准则，这样下去就只能使王纲、正道“大坏”。在儒家看来，朋友之间的信义应该从属于君臣之间的忠义、父子之间的孝义。

“游侠”可以说是社会动荡、混乱的产物，一旦社会恢复了秩序，那么游侠的行为就不会滋生。所以游侠的消失一方面是动乱结束以后，统治者恢复了秩序，取缔游侠所致；另一方面是由于天下承平以后，游侠从此也失去了存在的理由，社会的不公一决于法律，游侠的作用毕竟是非常有限的。

五　文学作品中的侠客们

《史记》《汉书》之后，记述游侠故事的任务不再由史家来担任，而是渐渐让位给了小说、戏剧等文学作品。史家在记述游侠故事时，强调的是游侠的道德对整个社会的作用，认为这种“言必信，行必果，已诺必成，不爱其躯”的品格值得赞美。但在文学作品中，侠客的主观色彩已经被大大地强化了，“侠”的观念越来越脱离其初创时代的历史具体性，而演变成一种情操和精神气质。与“侠”有关的许多词语都与日常的“善”的观念联系在一起，如“侠骨”“侠情”“侠气”“侠行”等。同时由于侠客行为本身极富传奇性，人们往往将他们活动的场所想象为超越人们世俗生活之外，诸如大山、长谷、荒漠之地，而不是纪实性地在人群之中。

在古人的诗篇中，游侠行为一直成为诗人的歌咏对象。文人写侠客，有时感于时势艰难，有时是别有寄托。如陈子昂的《感遇》第三十八首是写一位“幽燕客”少年任侠，后来从军到边州，但是经过大小七十余战，到白首也未封侯。这种怀才不遇的感受是文人们经常使用的主题。但诗中“赤丸杀公吏，白刃报私仇。避仇至海上，被役此边州”，却是典型的游侠行为。据《汉书·尹赏传》中说，当时长安少年聚集在一起谋杀官吏，接受金钱，替人报仇。事先将丸置于囊中，探得赤丸，就杀武官，得黑丸杀文官，得白丸办理丧事。这里泛指少年时代的游侠行为。

唐代诗人喜欢歌咏游侠，借“侠”与“剑”来表达建功立业的渴望，抒发文人久被压抑的激情。如王昌龄、王维、张籍等都写过《少年行》，还有崔颢的《游侠篇》、孟郊的《游侠行》等，这里边有一些充满豪情的诗句，如：

笑尽一杯酒，杀人都市中。

——李白《结客少年场行》

杀人不回头，轻生如暂别。

——孟郊《游侠行》

游侠诗篇往往采用一些基本词汇，如“大漠”“八荒”“长剑”“骏马”“驰骋”之类，场所大抵偏于东北和西北等边裔地区。通过这些词，给读者造成一种强烈的视觉冲击。当时社会已经很文明了，但诗人重温游侠故事的时候，往往故意使个人的感情“再野蛮化”一回，实际上是诗人豪情的宣泄。

但人们接受游侠故事，并不是单纯欣赏他们野蛮杀人的场面，一种题材有没有生命力，关键是看它合乎不合乎人们的审美趣味，合乎不合乎人们起码的道德标准。假使社会上人人都来仿效游侠的“白日杀人都市中”，那么这个社会会成为什么样子？人们就会丧失起码的安全感，维持社会秩序的纲常就会失去作用。

在晚唐时代，藩镇割据，武侠小说开始兴盛，其中有许多脍炙人口的侠客故事，如《柳氏传》中写书生韩栩的妻子柳氏为沙陀贵族掳去，颇有侠客意味的许虞侯感慨此事，终于用计使两人破镜重圆。《霍小玉传》中的“黄衫客”对霍小玉的不幸遭遇表达深深的同情，同时痛恨李益的薄情，有一天将李益挟持到小玉府中，使其道德良心受到了谴责。侠客虽然在这些作品中是作为陪衬出现的，不是主人公，但是其代表的社会正义是和史书中的记载一脉相承的。

这一时期，还有非常完整的侠客故事问世。较为著名的有杜光庭的《虬髯客传》，这篇传奇叙写隋末唐初时期的一段故事，刻画了“风尘三侠”李靖、红拂妓和虬髯客，对李靖的卓然不群、虬髯客的卓识大度和红拂妓的聪明才智都有比较细致的表现。比较传统的侠客题材是《无双传》，叙写王仙客和刘无双生离死别的爱情故事。当刘无双作为犯人家属被强行入宫之后，这时候聂政式的侠客古押衙出场了，他用茅山道士的神药将无双救出，同时又怕走漏风声，杀人灭口以后自杀。这个故事的情节非常曲折，所记载的历史事件与当时的社会也非常合拍，从个人的悲剧中很清晰地折射出当时社会动荡的影子。

到了清代，侠客文学蔚为大观，如《三侠五义》《七剑十三侠》《儿女英雄传》等，本文限于篇幅，就介绍到这里了。

盗亦有道

一　盗亦有道

不同社会阶层所指称的“盗”的性质和含义是不同的。“盗”首先是一种偷窃行为，即偷盗、小偷小摸之类，指通过不正当的手段将他人的财产占为己有。其次，“盗”的行为虽然为人所不齿，但又可以说无处不在，如《墨子·非攻》中所说，有人进入别人家的果园偷桃、李之类的小东西，有人进入别人的栏、厩里偷马、牛，有的甚至将别人的国家也“偷”了，这就是所说的“窃国大盗”。《庄子·胠箧》中说：“窃钩者诛，窃国者为诸侯。”“窃国大盗”就不是从下层“犯上作乱”的那些草莽英雄，而是统治阶级内部的人物。

除了“偷窃”这一层意思之外，“盗”还有“抢劫”的意思。在史书以及一些故事书中，常见一些绿林好汉啸聚山林，闻听人声嘈杂、马蹄声碎，小喽啰一声呼啸，赶快报与大王知道，有一伙远来客商到此，何不趁此机会大干一场，发个横财？等到官府前来清剿，众家弟兄赶快作鸟兽散，让官府如系风捕影，无处下手。当然这些好汉必须得经过很好的组织，否则因为分赃不均，或起内讧，或向官府告密，到时候免不了鱼死网破。

有一些曾经是盗贼，后来摇身一变，成了堂而皇之的一代天子、朝中大臣。“盗”和“非盗”的界限是这么难以辨别。佛教用语“放下屠刀，立地成佛”，可以说是非常生动的写照。如五代时梁的开国皇帝朱温先前曾是“大盗”黄巢的大将，后来投降了唐朝，改名为“朱全忠”，再后来干脆“废”了唐皇帝，自己做皇帝。无独有偶，明代的开国皇帝朱元璋曾经当过和尚，后来投靠“大盗”郭子兴，做了郭的女婿。再后来自己在群雄逐鹿中成了胜利者，北伐中原，推翻元朝，做了皇帝。但他还是不愿意提到他曾做过和尚，当有个考官给学生出作文题目“光天之下，天生圣人，为世作则”时，他竟怀疑这是诽谤自己，原因是“光天”代表着光脑袋，古代汉语“天者，颠也”，指人的头顶；“为世作则”的“则”与“贼”的古音读法大致相同，所以罗织成狱，诛杀上百人。

有一些是由于饥饿成盗，被逼无奈，不得已犯了偷窃之罪。如《吕氏春秋·爱士》中记载，秦穆公打猎，忽然被人偷了马匹，暗中查访，发现他的马正被一些饥民煮熟撕扯着。这位君主还算不错，既然马死了，索性送给这些饥民一些酒菜。后来秦、晋两军在韩地展开大战，穆公身陷危机，忽然一些非正规军斜刺里杀出，救了穆公，原来正是当初那些“盗马贼”。

还有一些具有传奇色彩的盗贼，如《三侠五义》中的“五鼠”之类，在未被官府招安以前，个个是英雄好汉，杀富济贫，讲求大义。等到被招安以后，原来的英雄豪气暗淡了，原来的“飞鼠”成了官场大网上的“飞虫”。

有一些原来是上层社会的道德，后来却被遗失了。明末清初的爱国人士顾炎武有感于国破家亡的血腥惨剧，深究明朝灭亡的原因，他归结为是士大夫们丧失了廉耻之心，而“耻辱感”是古代社会的贤人们所着重强调的，于是他对孔子的“行己有耻”的口号做了重新阐发。又如“侠义”精神，梁启超称之为中国的“武士道”，在历史上也不多见了。庄子说，夏、商、周三代以后，小人们为逐利不惜生命，士则为了荣誉不惜杀身，圣人不惜以一人之身来殉天下的事业。（《庄子·骈拇》）他认为这些都是不值得的。因为他觉得生命比起利益、荣誉和天下来说，无疑是更重要的。我们读先秦两汉时代的作品，常常觉得古人有点“迂”，为了一些可以通融的道德问题随随便便就自杀，或者只是为了“士为知己者用”的信条而勇于赴死，慷慨悲歌，视死如归，实际上古人比我们更加看透了生命的本质。

孔子曾经说过：“礼失求诸野。”古代的道德是群盗聚“义”的基本信条，原因是“盗”的生活本身充满了危险，他们需要团结，团结就要讲究信义，信义需要有所保证，于是就磕头烧香拜把子为兄弟，从此以后就车同轨行同伦，一条绳拴两个蚂蚱，同生共死了。在《庄子·胠箧》就讲了“盗亦有道”的故事：

> 故跖之徒问于跖曰：“盗亦有道乎？”跖曰：“何适而无有道邪？夫妄意室中之藏，圣也；入先，勇也；出后，义也；知可否，知也；分均，仁也。五者不备，而能成大盗

者，天下未之有也。”

跖相传是古代的大盗。在这段话中，跖的伙伴们问他：“像咱们做盗贼的也有道德吗？”跖说：“怎么会没有道德呢？在未行盗窃之前，先要预测一下房屋中究竟藏有多少东西，这就是‘圣’；先进去偷，这就是‘勇’；偷窃完毕，我来断后，这就是‘义’；预测一下可偷不可偷，这是‘智’；盗窃完毕，分配平均，这是‘仁’。如果五种道德不具备，就想成为天下的大盗，这种事还没有发生过。”如果我们加以补充，还有一条：事先我答应分给你一半，事后我实现了这一诺言，这就是“信”。在《胠箧》中，庄子是要讲述道德为大盗所用的道理，他认为道德本来是维持社会秩序的工具，但同时也为大“盗”所利用，成了“组织”盗窃的工具。“圣人不死，大盗不止。虽重圣人而治天下，则是重利盗跖也。”所以他认为，社会固然需要圣人和道德，但同时也因此培养了盗贼的智慧。

二　赵礼让肥

据《后汉书》第三十九卷《赵孝传》记载，西汉王莽末年，天下大乱，民不聊生，食人之风盛行。赵孝之弟赵礼为一伙“饥贼”所得，赵孝听说了，于是自缚到贼那里，说：“赵礼长期挨饿，身上没有多少肉，不如我饱食而肥，就吃了我吧。”贼们吃了一惊，就放了他弟弟，说：“赶快弄些米来。”赵孝四处找米不得，又到贼那里去，说：“没有米，就烹了我吧。”贼们终于被感化了，于是也就放了他。

这件事被元代杂剧作家秦简夫写成了《赵礼让肥》杂剧，剧情做了较大改动。大意是说，赵礼、赵孝抬着母亲来到宜秋山下，当时到处是荒村古道，野外无庄稼，为了活下去，于是赵礼到山中寻找一些可吃的野草、药苗之类，赵孝到山中打柴。忽然有一天，赵礼被山中的“山大王”马武劫去，嚷着要以他的心肝做“醒酒汤”吃，还吩咐小喽啰将刀磨快些。可是这时候赵礼面不改色，对强盗头子说自己尚有母亲在堂，还有一个哥哥，生性懦弱，可否允许自己请一个时辰的假，下山与母亲辞别。可是马武说：“你要下山，还肯上山吗？可留下什么做抵押。”于是赵礼说：“小生当下这个‘信’字。”

〔马武云〕这个信字打什么不紧。〔正末云〕俺秀才们仁义礼智信，唯有一个信字，不敢失了。天无信四时失序，地无信五谷不生，人无信不立。即是孔子之教，岂敢失信于人乎？〔马武云〕既然如此，我放你下山去。

于是赵礼急忙回到家中，告诉他的母亲。又担心时辰已到，怕失信于马武，等不及见到哥哥，就回到了山寨。正在马武欲动刀之际，赵孝赶到，之后母亲也来到，于是三人争说自己“肥”：

〔马武云〕你来了也，我不杀你，是我失信。你若不来呀，便是你失信。〔赵孝云〕太仆可怜见，小生肥，留着我兄弟，杀了我者。〔马武云〕好好好，留你兄弟，我则杀你。〔正末云〕太仆可怜见，小生肥，留着我哥哥，侍养我母亲，杀了我吧。〔卜儿云〕太仆可怜见，两个孩儿寻觅的茶饭，都让老身吃了，老身肥，留了两个孩儿，杀了老婆子者。

强盗头子马武也深受感动："兀的不是兄爱弟敬，为母者大贤，为子者至孝。马武呀，你家中也有一爹二娘，三兄四弟，五姊六妹，知他死在谁人剑锋之下，填于沟壑之中。"于是他收起屠刀，良心发现，放了这母子三人，同时还赠予白金一秤、白米一斗，自己下山投军去了。后来马武成了汉光武刘秀手下大将，而赵礼也举了孝廉，满门荣耀。

三　桃园结义

东汉末年，政治黑暗，民不聊生。朝中宦官把持政权，皇帝昏庸无能，桓、灵二帝只知道在宫中享乐，采选美女，以充后宫。天下蝗虫大起，饥民遍野。这时候，巨鹿人张角预感东汉气数已尽，于是以行医治病施符水为手段，同时讲授太平道的救世济民的真理，深得信徒们的信赖。在经过漫长的准备以后，终于在公元 184 年发动了武装起义，起义口号是："苍天已死，黄天当立。岁在甲子，天下大吉。"起义很快就呈现燎原之势。

这一起义的消息引起东汉政府一片恐慌，于是调集各路军马前往镇压。这时候，幽州牧刘焉出榜招兵。榜文行到涿县，于是引出三位英雄，这三人其一是刘备，字玄德。性格宽和，寡言语，喜怒不形于色。两耳垂肩，双手过膝。在血统上是西汉中山靖王之后。后来家业凋零，在家织席贩履（草鞋）为生。其二是关羽，字云长，河东解良人。因杀了欺人的强豪，流浪到江湖。听说此地招军，于是特来投军。其三是张飞，字翼德，为涿郡地面的一个财主，平时卖酒屠猪，有大量庄田，专好结交天下豪杰。于是三人来到张飞庄上，共同商议大事。

> 飞曰："吾庄后有一桃园，花开正盛；明日当于园中祭告天地，我三人结为兄弟，协力同心，然后可图大事。"
>
> 次日，于桃园中，备下乌牛白马祭礼等项，三人焚香再拜而说誓曰："念刘备、关羽、张飞，虽然异姓，既结为兄弟，则同心协力，救困扶危；上报国家，下安黎庶。不求同年同月同日生，只愿同年同月同日死。皇天后土，实鉴此心，背义忘恩，天人共戮！"

于是，拜玄德为长兄，云长次之，张飞为弟，并招募乡中壮士三百余人，准备兵器，一起到涿郡来投军。

黄巾起义很快就被扑灭了，可接下来的形势发展似乎在人们的意料之中。汉朝气数已尽，天下军阀纷争，整个中国似乎走不出那个"分久必合，合久必分"的历史怪圈。战争将北中国打得稀烂，"白骨露于野，千里无鸡鸣，生民百遗一，念之断人肠。"（曹操《蒿里行》）后来经过漫长的战乱，曹操终于统一了北方。刘、关、张这三人在风云卷舒的军阀混战中，经过种种悲欢离合，却始终团结在一起。后来刘备三顾茅庐，请出了当时著名的军事家诸葛亮，在曹操大兵压境的极端处境下，与孙权联合，终于在赤壁将曹操的大军打垮，奠定了三国鼎立的局面。在以后的战争生涯中，这三人一直到死，始终恪守着桃园盟誓，是古代遵守信义的典范。

在罗贯中的长篇历史小说《三国演义》中，刘、关、张是小说叙述的主角。他们的经历富有传奇性，从早期说部中，可以鲜明地看出人们的爱憎来。如唐代李商隐在《娇女诗》中有“或笑张飞胡”之语，宋代说部中有专门的“说三分”名目，苏东坡在《志林》中说，街巷中的小儿们不听话，大人往往给他钱，让他们去听“三分”故事，听到刘玄德失败，有的竟然痛哭出涕，听到曹操失败，大家拍手叫好。戏剧舞台上，无论古今，曹操的脸谱一律涂上白脸加以丑化，这固然有人们的正统思想根深蒂固的因素，作者“拥刘反曹”的创作主旨左右着人们的判断，更主要的原因是作为“奸雄”的曹操其行为有很多方面背离了传统的道德。当曹操因行刺董卓不成、逃离洛阳后，投奔他父亲好友吕伯奢一家：

伯奢说：“老夫家无好酒，等我到西村去买一樽来相待。”于是骑驴而去。曹操与陈宫等了很长时间，忽然听到有磨刀之声。于是二人来到草堂后偷听，听到人说：“缚而杀之，何如？”曹操说：“一定是他们要动手了，如不先下手，一定为他所擒。”于是就与陈宫拔剑而入，不论男女，皆杀之，共杀死八口。搜至厨下，却见一猪被捆在那里。于是二人急出庄，上马而行。正遇伯奢手提酒菜而来。遥远喊道：“贤侄与使君到哪里去？”曹操说：“待罪之人，不敢久住。”待走过几步，忽然拔剑前来，对伯奢说：“你看那边谁来了？”伯奢回头看时，却被曹操一剑砍下驴来。陈宫大惊，曹操说：“宁让我负天下人，休叫天下人负我。”

与曹操相反，《三国演义》中的刘备身上寄托了人们对圣君的理想：曹操为人诡诈，刘备待人忠厚；曹操视民如草芥，刘备视民如赤子；曹操善弄权术，不守信义，刘备则恪守儒家道德……所以老百姓对他望之如父母，而归之如流水。当曹操大军势如破竹，横扫北方，荆州投降，处境万分危殆之时，刘备仍然不肯抛弃百姓，宁可与之共死。在与关、张二人关系上，患难与共，后来建立蜀汉政权以后，虽然名义上是君臣，实际上仍然情同手足。所以当关、张相继被害以后，刘备竟然不顾国家利益，起倾国之兵，为他们报仇。后来战争失败几乎导致亡国。刘备曾有这样的名言：“妻子若衣服，兄弟若手足。”如果为了“手足”把国家也当作“衣服”，那样就非常危险了。所以我们既要理解古代的道德，同时也不能不认识到其局限性。

清代赵翼在《廿二史札记》卷七中说：“人才莫盛于三国，亦惟三国之主各能用人，故得众力相扶，以成鼎足之势。而其用人，亦各有不同者。大概曹操以权术相驭，刘备以性情相契，孙氏兄弟以意气相投，后世尚可推见其迹也。”比如说，天下动荡之时，曹操能于度外用人，等到削平群雄、势位已定之时，像孔融、荀彧等人都被害死，“其雄猜之性，久而自露”。而刘备刚刚起事，豪杰多依附于他，为众士所仰慕。如三顾茅庐，向诸葛亮询问定国安邦的大计，关羽、张飞、赵云，自少结契，终身奉以周旋。即使是兵败奔逃，寄人篱下，无寸土可以立业，而数人与他患难相随，没有二心。所以赵翼认为，这就是“以诚待人之效”。

《三国演义》中的关羽后来被民间宗教推尊为“关圣帝君”，在民间宗教的诸神谱系里占有崇高的地位，反而是历史上真实的关公倒不太为人注意了。他熟读《春秋左氏传》，擅长用兵。富贵不能淫，威武不能屈。当刘、关、张被曹操打散以后，他与刘、张二人失去联络，不得已接受曹操的招降。尽管曹操百般挽留，设法使他归顺，但是当他得到刘备的消息，马上挂印封金，过五关斩六将，千里走单骑，历尽艰难险阻，终于与刘备、张飞会合，干出了一番大事业。当曹操在赤壁被孙、刘联军打败，连夜奔波来到华容道上，《三国演义》这样写道：

（曹操）言未毕，一声炮响，两边五百校刀手摆开，为首大将关云长，提青龙刀，跨赤兔马，截住去路。……程昱曰：“某素知云长傲上而不忍下，欺强而不凌弱，恩怨分明，信义素著。丞相旧日有恩于彼，今只亲自告之，可脱此难。”操从其说，即纵马向前，欠身谓云长道：“将军别来无恙？”云长亦欠身答道：“关某奉军师将令，等候丞相多时。”操曰：“曹操兵败事危，到此无路，望将军以昔日之情为重。”云长曰：“昔日关某虽蒙丞相厚恩，然已斩颜良、诛文丑，解白马之围，以奉报矣，今日之事，岂敢以私废公？”操曰：“五关斩将之时，还能记否？大丈夫以信义为重。将军深明《春秋》，岂不知庾公之斯追子濯孺子之事乎？”云长是个义重如山的人，想起当年曹操许多恩义，与后来五关斩将之事，如何不动心？又见曹军惶惶皆欲垂泪，心中越发不忍。于是把马头勒回，谓众军曰：“四散摆开。”……后人有诗曰：

曹瞒兵败走华容，正与关公狭路逢。只为当初恩义重，放开金锁走蛟龙。

人们认为，诸葛亮早就预料到这一结局，之所以让关羽守华容道，主要考虑到以天下大局为重。曹操虽然失败，但他是北中国最重要的稳定因素，假如他失败被杀，那么天下又将重新陷入无休止的战乱之中，又不知有多少人肝脑涂地。自古以来人们都是这样理解的，现在的《三国演义》电视剧对此诠释得非常好。人们读书，听《捉放曹》，或看电视剧，不会为曹操逃跑而惋惜，也更敬重关羽的人格。关羽曾说：“竹可焚不可毁其节，玉可碎不可改其白。”这种光风霁月般的人格，实际上也是中华民族精神的写照。

同时应注意，这种“结义”的方式属于民间行为，是老百姓朴素道德的反映。刘、关、张并非盗，最初起事时都是老百姓，他们只是采取了老百姓常用的手段成为结义弟兄。但也正是他们，使得这一“结义”行为发扬光大。

四　维系梁山的纽带

山东梁山县的梁山泊，因历史上黄河改道经过这里，河水泻出，到现在已经干枯了多个世纪。但北宋时代曾号称为“八百里水泊”，汪洋浩瀚，是施耐庵笔下的梁山好汉的重要据点。梁山好汉的重要头领宋江的事迹，在《宋史·张叔夜传》的记载十分简略，大概意思是说，张叔夜做海州的知州，这时候“宋江起河朔，转掠十郡，官军不敢撄其锋”，于是张叔夜率领敢死之士将宋江打败，宋江投降。但是，宋江及梁山泊英雄的故事却非常生动地活跃在民间。像宋代罗烨的《醉翁谈录》中记录当时“说话”的名目就有石头孙立、青面兽、花和尚、武行者等，可能讲的是他们个人的英雄传奇。宋元之间的《大宋宣和遗事》记述了宋江等三十六人的事迹，就接近《水浒传》中基本情节的规模了。元代杂剧有大量的《水浒戏》如李逵、花和尚等，可以说都对《水浒传》的情节安排、人物塑造等产生了非常积极的影响。同时小说人物所代表的价值观也具有普遍性。

梁山初起之时，只有大小几个头领，领头的白衣秀士王伦是一个穷秀才。后来晁盖上山以后，梁山事业才开始发展壮大。到后来发展为三十六员正将、七十二员副将，兵力十几万，冲州撞府，无人敢敌，积贫积弱的北宋朝廷几次讨伐都被打得大败而归。这些“不怕官府不怕天”的英雄好汉走上梁山道路都有各自不同的经历，其中的代表人物每人都有自己的传奇史。

梁山英雄大部分都是被黑暗的政治“逼”上梁山的。如林冲本来是东京八十万禁军教头，可是因为太尉高俅的螟蛉子高衙内看中了他的妻子，于是三番五次设下毒计，一定要将林冲置于死地。先是高俅将林冲刺配沧州，要解送差人在野猪林将其杀死，幸亏鲁智深前来搭救。后来林冲看管大军草料场，高俅又将魔爪伸向了他。在忍无可忍的情况下，林冲愤然杀死了前来害他的管营、陆谦等人，在大雪之夜上了梁山，而他的妻子和家人都被高俅逼死。

鲁智深原名鲁达，是《水浒传》中出场较早的人物。他本来是一个职业军人，在延安府老种经略手下任提辖官。因地方恶霸郑屠欺压良民金氏父女，于是一怒之下打死了这个“镇关西”，从此亡命江湖，剃度为僧。在东京大相国寺结交林冲，因在野猪林从解差手里救了林冲，被高俅忌恨，被迫离开寺院，到二龙山当了一个山大王，后来又上了梁山。其人生格言是“禅杖打开危险路，戒刀杀尽不平人”，人称“花和尚”。

行者武松，因打死恶霸，逃亡在外。后来路经景阳冈，打死老虎，因此做了阳谷县都头。为替兄长报仇，杀死西门庆、潘金莲，被刺配孟州。因感激孟州牢城施恩的知遇之恩，拳打蒋门神，后被官府陷害，于是经过大闹飞云浦、血溅鸳鸯楼，最后在孙二娘的帮助下，化装成头陀行者，上了二龙山，与鲁智深等人聚义。其人生格言是“从来只要打天下硬汉、不明道德之人”。

李逵，绰号“黑旋风”，自称“铁牛”。当宋江被刺配江州以后，与其相识。后来宋江在浔阳江楼上醉题反诗，遭杀身之祸。这时候李逵手提两把板斧，与梁山好汉一起劫法场，然后一起上了梁山。在梁山义军中，李逵的反抗性最为坚决，他的理想非常简单，就是“大秤分金银，大碗吃肉，大碗饮酒”，以及“晁盖哥哥做了大宋皇帝，宋江哥哥做小宋皇帝，众家弟兄都做个将军，杀去东京，夺了鸟位”。

梁山英雄尚未合在一处时，结合成一个个的小群体，如二龙山上有花和尚鲁智深、行者武松、青面兽杨志等人，少华山有跳涧虎陈达、白花蛇杨春、神机军师朱武等人，清风山有锦毛虎燕顺、矮脚虎王英等人……经过几次“小聚义”，如“三山聚义打青州”“浔阳江白龙庙小聚义”“三打祝家庄”等，最后大家都上了梁山，起义队伍终于会合在一起。

梁山英雄未上梁山以前，大家的身份各不相同。有的出身于世家，如青面兽杨志是有名的天波府“杨家将”的后代，可因为一连串的不走运，最后只好上了梁山。另如大刀关胜、双鞭呼延灼都属于名门之后，因讨伐义军失败，上了梁山。有的出身于贫苦渔家，如阮氏兄弟、李俊等人；有的原来就属于“小盗”，如鼓上蚤时迁；有的一直从事着强盗营生，干着打家劫舍的勾当，如周通、陈达、朱武之类；有的是大大小小的地主，如柴进、卢俊义、晁盖、宋江等人；有的是落第秀才、教书先生，如吴用、萧让诸人……可以说“八方共域，异姓一家”，集中了当时社会的各个门类的人物。将这些“帝子神孙、富豪将吏，并三教九流，乃至猎户渔人、屠儿刽子”维系在水泊梁山的原因，除了他们都是不同程度上被逼上梁山之外，还有就是他们都奉行一个重要信条，就是一个“义”字，这也是贯穿全书的道德主线。正如书中所说：“相貌语言，东西南北虽各别；心情肝胆，忠诚信义并无差。”（《水浒传》第七十二回）

在《水浒传》之前，还没有一部书对农民起义做过正面的描述，正史中往往以“群盗”看待这些起义者，这是因为统治者掌握话语权、历史由他们来书写的缘故。更重要的是，这些“群盗”具有完全不同的价值观。在封建社会，“忠义”这种政治伦理以及“孝义”这种家庭伦理具有无比重要的地位。“忠义”体现为对封建帝王的忠诚，如“文死谏，武死战”之类，认为君臣大义无所逃于天地之间。“孝义”体现为家族内部对长辈的服从、赡养等义务。当两者发生冲突的时候，“孝义”往往让位于“忠义”，这就是人们所说的“忠孝不能两全”。但在梁山义军中，因为他们都是被“逼”上梁山的，虽然“一心投水浒，回首望天朝”，有着各种各样的心态，但都被人为地割断了对“忠”“孝”的幻想，“有家不能奔，有国不能投”，成为当时社会的弃儿。这时候，作为人的社会伦理的体现，“信义”观念就占据了主导地位。这种观念体现为梁山英雄好汉之间患难相扶、荣辱与共、反抗强暴的品德。

《水浒传》又称为《忠义水浒传》，从全书的规模来分析，可以说第七十一回以前，是梁山英雄“聚义”的过程。晁盖上山以后，在梁山泊上修造“聚义厅”，招纳天下豪杰，使得天下英雄如流水一样“朝宗于海”，达到起义事业的高潮；在宋江上山以后，挂起了“替天行道”的大旗，直到第七十一回梁山英雄排座次以后，宋江将“聚义厅”改为“忠义堂”，通过和平演变，将英雄们之间的“信义”引向对皇帝忠诚、投降的“忠义”轨道上，并彻底断送了梁山事业，造成了起义军凄凉的结局。

小说中的宋江出场应该说比较晚，但其声名远播于江湖之上，贯穿于小说的始终。我们经常听见小说中的英雄说：“小可天下只放过两个人，一是沧州横海郡的柴大官人，一是山东恽城县的押司宋江。”在小说中，下层阶级的品德都集中在宋江身上，因为他孝敬父亲，友爱弟弟，所以人们称他为“孝义黑三郎”；因为他讲究义气，愿意济困扶危，所以人们称他为“山东呼保义宋公明”；但自始至终成为宋江的指导思想的是“忠义”二字。那么这三种“义”在一个人的身上是否可以并行不悖、水乳交融呢？那是不可能的事。在书中记载晁盖等七人劫了“生辰纲”，官府行文来到恽城县，他“担着血海也似的官司”来通风报信，希望他们投上梁山。在“忠义”与“信义”的天平上，他明显把砝码加在了“信义”这一边。不久以后，东窗事发，他的老婆阎婆惜将其通梁山的证据作为她“改嫁张三”的把柄，于是他“怒而杀惜”（在梁山英雄们中像他这样“杀妻”上山的“英雄”还有一个杨雄），从此以后将“忠义”深藏在心中，远走江湖。当率清风山众兄弟如秦明、花荣等人向梁山进发的时候，忽闻父亲死讯，于是顾不得众兄弟，回家奔“丧”。这时“信义”让给了“孝义”。等到他在浔阳楼上醉题反诗，闹闹嚷嚷地要“他年若得报冤仇，血染浔阳江口”，因此判了死罪，亏了梁山众好汉及时搭救，勉强上山。等坐了第一把交椅，就只待“朝廷赦罪招安”了。

当梁山义军为了“忠义”付出惨重的代价，原来的好兄弟们和同是义军的方腊浴血奋战、大批牺牲的时候，人们不止一次怀疑“忠义”的合理性。宋江正是利用了英雄们的“信义”将自己的意志强加给梁山英雄们，在自己被奸臣们用毒酒毒死之前，还命人将润州的李逵召来，也给他灌上毒酒，怕他今后造反，“坏了一生忠信之名”。宋江就是这样以其对皇帝的“忠义”戕害了“信义”，以服务于他绝对自私的目的。他说：“宁可朝廷负我，我忠心不负朝廷。”虽然要“酷吏赃官都杀尽，忠心报答赵官家”，“只反贪官，不反皇帝”，但这就好比想除害但不捣毁害人的魔窟一样，正是因为皇帝不“明”，所以才造成了天下的黑暗，到后来只是“煞曜罡星今已矣，谗臣贼子尚依然”！《水浒传》可以说是谱写了一曲忠义的悲歌。

《水浒传》这部书是后来农民起义的枕中秘籍。据后人记载，明末李自成、张献忠和清代太平天国起事时，排兵布阵，都依照小说记载那样行事。而且梁山好汉的信义观念也成了他们团结对敌的信条。甚至在明末起义军中，《水浒传》英雄的口号被广泛地写在农民军的义旗之上，许多义军首领袭用了《水浒传》的人名和诨号。到清代有个名叫俞万春的文人，有感于这本书的“诲淫”“诲盗”作用，于是胡诌出一部书《荡寇志》，伪造出几个“天师”，将梁山英雄们悉数歼灭，来抵消《水浒传》的巨大影响，但效果适得其反，到现在恐怕已没人能够记得它了。

信义与生意经

一　义利之辩

儒家哲学的一个传统观点是强调抽象的伦理道德具有超乎一切的价值。在传统命题“义”“利”之辩中，孔子说：“君子喻于义，小人喻于利。”只有“君子”这些“有德者”因为胸怀道德正义而“坦荡荡”，而小人只会为私利的得失而“常戚戚”。孔子强调“义”“利”之别，还有一层深义，如果社会都追求“利”的话，势必会导致“犯上作乱”事件的发生，社会就丧失了“公义”。原因在于“利”基本上属于“自私自利”的行为，人们为了自己的利益会根本不考虑国家的利益。孟子对梁惠王说：

> 王何必曰利？亦有仁义而已矣。王曰：“何以利吾国？”大夫曰：“何以利吾家？”士庶人曰：“何以利吾身？”上下交征利，而国危矣。万乘之国，弑其君者，必千乘之家；千乘之国，弑其君者，必百乘之家。（《孟子·梁

惠王上》)

孟子认为只有提倡“仁义”才能消除追逐“利”给国家带来的损害。当时的情况确实如孟子所听到的那样。王说：“怎样对我的国家有好处？”大夫说：“怎样对我家有好处？”老百姓说：“怎样对我自己有好处？”孟子认为，像这样“利”字当头，那么国家就危险了。如果是万乘之国的话，那么杀其君的一定是国中的大族，即“千乘之家”；如果是千乘兵车的小国，那么杀害其君的一定是“百乘之家”。原因是追逐“利”的结果必然使人们不顾当时的道德、伦理、政治秩序。

在儒家的思、孟学派中，“义”也就是“利”，或者说“义”是“利之大者也”。《资治通鉴》卷二记载：“初，孟子师子思，尝问牧民之道何先。子思曰：‘先利之。’孟子曰：‘君子所以教民者，亦仁义而已矣，何必利！’子思曰：‘仁义固所以利之也。上不仁则下不得其所，上不义则下乐为诈也，此为不利大矣。故《易》曰：利者，义之和也。又曰：利用安身，以崇德也。此皆利之大者也。’”司马光评价说：“子思、孟子之言，一也。夫唯仁者为知仁义之为利，不仁者不知也。故孟子对梁王直以仁义而不及利者，所与言之人异故也。”

从这段对话中，我们对儒家学说中的义利观念有了一个全面的理解。孟子问子思：“如果治理百姓的话，第一步应该做什么？”子思回答说：“先利之。”即先使百姓获利。孟子不理解，说：“君子治理百姓，应该用仁义，为什么要用利？”子思解释说：“仁义本来就可使百姓获利，如果在上的统治者不施行仁义，那么下面的老百姓就不得其所，将使用诈谋了，这就是‘大不利’。就像《易经》所讲的，‘利’是‘义之和’，是安身立命的根本，所以仁义本身也是‘利之大者’。”从上面对话来分析，思孟学派的仁义与利益是等同的，持守道德本身就能给自己带来大利，而不是在“义”与“利”两者之间做出选择。司马光评价说：“子思认为仁义与利等同，孟子言有仁义而已矣，实际上是一回事。只有有仁爱之心的君主才知道仁义也就是利，而没有仁爱之心的人则不知道。所以孟子对梁惠王直说仁义而不及利，是由于他谈话的对象不同罢了。”

《吕氏春秋·务本》分析春秋战国时代频繁出现亡国败家的原因时，认为这些贵族“皆患其身不贵于国也，而不患其主之不贵于天下也。皆患其家之不富也，而不患其国之不大也。此所以欲荣而愈辱，欲安而益危”。卿大夫之“家”与诸侯之“国”互相依存是贵族社会的典型特点，若“国”受到侵害，那么“家”也会“覆巢之下无完卵”。故“细之安必待大，大之安必待小”，“国小家大”很容易导致国家的灭亡。末代贵族亡国灭家的惨祸之所以不断发生，重要的一点就是这些“当事人”不明公私、义利之分造成的。

“义利”之分还有一层深意，那就是孔子所说的“义”以出“利”。据《左传·成公二年》记载，齐国侵鲁，于是卫派孙桓子救鲁伐齐，但被齐国围困，后来平民仲叔于奚救了他。卫侯赏给仲叔于奚城邑，仲叔于奚推辞，而请求用代表贵族身份的曲县、繁缨等礼器朝见君主。这时候，孔子发表评论说：

惜也，不如多与之邑。唯器与名，不可以假人，君之所司也。名以出信，信以守器，器以藏礼，礼以行义，义以生利，利以平民，政之大节也。若以假人，与人政也。政亡，则国家从之，弗可止也已。

孔子认为“器”与“名”是贵族礼制和等级身份的重要象征，是不可以随便赏给别人的。“器”“名”与等级身份相应，就是“信”。严格地遵照贵族礼仪来办事，就是“义”。有了“义”就自然会有种种“利”即物质利益，如采邑、财产，等等。这段话分析了器、名、礼、信、利、义等关系，正确理解这些关系，也就明白了贵族政治的特点。对孔子来说，如果代表贵族身份的名分、宝器等等“旁落”的话，贵族们也就没有了世袭的“神性”，就等于贵族政治的终结。

一般说来，儒家谈“义利”之辨，经常强调的是二者的对立因素。“义”是表示人们行为的伦理范畴，依据具体语境可以解释为忠义、信义、公平合理等意思。如为了个人一己私利而牺牲国家利益，就是违反了“忠义”的信条；为了自己的利益而牺牲朋友及其他人的利益，像现在所说的“杀熟”的行为，就是违反“信义”。“利”是表示人们生活中的物质范畴。儒家强调二者的区分是因为在现实生活中，寻找二者的和谐实际上是非常困难的，人们经常面临着这样那样的“两难选择”，要么为了伦理的正义而牺牲个人的私利，来换取内心的和平；要么为了私利而牺牲公义，来赚取“黑心”钱，古人说“无奸不商”，就是指的这类人。

古人在注意到义利二者对立的同时，也注意到二者是可以统一的。上文孔子所说的“义以出利”（有了名分、地位等规定，自然就有了物质上的利益保证）、“见利思义”就是比较典型的说法。在《周易·乾卦·文言》中说：“利者，义之和也。”又说：“利物足以合义。”既合乎忠义、信义，又通过公平合理的手段来获取“利”，这就是值得肯定的行为。但在二者发生矛盾的时候，儒家的选择是宁可“义”而饿死，也不为了富贵而使道德良心受到折磨。孔子曾说：“富与贵，是人之所欲也，不以其道得之，不处也。”（《论语·里仁》）“富而可求也，虽执鞭之士，吾亦为之。如不可求，从吾所好。”（《论语·述而》）从中可以看出，孔子对“义”与“利”的选择是非常明确的。

需要注意的是，孔子只是说“不义而富且贵，于我如浮云”，但不否认通过人的积极的商业活动来致富。《论语》中多次记载他与子贡的对话。《雍也》：“子贡曰：‘如有博施于民而能济众，何如？可谓仁乎？’子曰：‘何事于仁？必也圣乎！尧舜其犹病诸！’”子贡是有名的大商人，相当于现在人们所说的“儒商”，所以他问孔子，说大散财来周济别人，是不是孔子所说的“仁”？孔子的回答是：“哪能只是仁呢？简直就是‘圣’了，尧舜这样的大圣人尚不能做到。”孔子屡次对子贡讲“富而好礼”“富民而教”的道理，其实质与他的“足食、足兵，民信之矣”是完全相符合的。

但后世儒家片面强调了道德因素而忽视了“利”的因素，孔子是在“义”“利”发生矛盾的状态下来选择“义”的，而他的继承者们渐渐遗弃了儒家的真精神，形成了一种“越穷越光荣”

的心态。《礼记·儒行》中说："儒有不宝金玉，而忠信以为宝。不祈土地，立义以为土地。"但司马迁在《货殖列传》却与此持不同的态度：

> 子贡既学于仲尼，退而仕于卫，废著鬻财于曹、鲁之间，七十子之徒，赐最为饶益。原宪不厌糟糠，匿于穷巷。子贡结驷连骑，束帛之币以聘享诸侯，所至，国君无不分庭与之抗礼。夫使孔子名布扬于天下者，子贡先后之也。此所谓得势而益彰者乎？

司马迁是赞美子贡的。他叙述子贡的事迹，说子贡在向孔子求学之后，曾在卫国做官，后来辞官以后在曹、鲁之间经商。在孔子七十余位有名弟子之中，子贡是最富足的。而孔子另一位弟子原宪则吃着糟糠，住在穷巷之中。子贡乘坚车、驾肥马，随从如云出使诸侯，所到之处诸侯无一不与其分庭抗礼。孔子能名扬天下，是子贡的缘故，这就是"得势益彰"。在这段话中提到的原宪在《游侠列传》中也出现过。在那篇著名的文章中，太史公有意将儒家的明哲保身与游侠"言必信、行必果"的精神加以对照，说明原宪、季次之流面对黑暗势力无动于衷的"残忍"。关于原宪的事迹，在《韩诗外传》卷一中有记载。原宪居住于鲁国，"柴门瓮牖"，院中长满野草，房子上漏下湿。子贡乘肥马、穿戴裘皮服装前去看他，这时的原宪戴着树皮做的破帽，拄着一根枣木棍当手杖迎接子贡。子贡说："先生莫非有大病吧？"原宪说："我听说，无财叫作贫，学而不能行叫作病。我只是贫而已，不是病。"子贡与他话不投机，于是只好告退。

汉代的班固总是为原宪打抱不平，他评价司马迁时说："述货殖则崇势力而羞贫贱，序游侠则退处士而进奸雄。此其所蔽也。"（《汉书·司马迁传》）班固的那个时代，儒家思想占统治地位，而且当时"察举"制特盛，士人没有其他出人头地的机会，大都学原宪、季次这些无能而有德的人物，希望通过自己的"苦行"得到人们的赏识，使自己进入仕途。儒家道德的虚伪化和非人情化，以此时为特盛。而像子贡这样的精明强干的商业精英自然就不在提倡之列了。

在法家学说中，商人被称为"五蠹"之一。因为法家讲耕战之术，来实现"富国强兵"的目标，而商人的存在使百姓受到物质的诱惑，而改变诚实敦厚的品行，《韩非子》中说："巧诈不如拙诚。"陆贾《新语·辅政》说："商贾巧为贩卖之利，而屈（拙）为贞良。"这样老百姓就难以治理了。国家没有足够的粮食储备，百姓学会了商人的奸猾，这样是不可能打胜仗的。可以说，古代商业的发展几乎是在政治的夹缝中寻找空间，古人虽然明白"无工不富，无商不活"之理，但工商业一直没有得到提倡。其原因固然有很多，但商人唯利是图的特点对伦理道德的冲击也应该是比较重要的原因。

因为商人获利是在交易中实现的，于是就有人设想，如何在交易中去掉商人这个中间环节，来使交易者的心中有不被欺骗的感觉呢？战国时代农家学派许行就产生了一个天真的想法。他主张，像衣服、帽子、炊具和农具等都用小米做以物易物的交换，鞋子大小不同，衣服长短不同，但是价格一样，这样即使是小孩上街买东西，也不会受到欺骗，人们就真的能过上真实无伪的生活。这种天真到荒谬的想法自然遭到了孟子的批驳，他认为社会的分工早在原始时代就存在，衣服、鞋子不论大小长短，价格都一样，那么谁都会专做小鞋、小衣了，这简直是“乱国家”，怎么可以使国家得到治理呢？（《孟子·有为神农之言者许行章》）但许行的思想可以看作农民阶级在发泄对商人阶层巧取豪夺的不满，许行实际上是农民的代言人。

二 商人与政治

在春秋战国时代，有一些先从政而后经商或者先经商而后从政的人物，商人和政治的关系以这个时期为最密切。因为战争需要财力物力作保证，外交活动更需要大批金钱，所以各国都不约而同地保护商人利益。同时，商人周游各国，与政界人物交往频繁，各种各样的信息纷至沓来，所以这些商人消息十分灵通，是当时社会结构中最为活跃的阶层。

在商人从政的行列中，吕不韦可以说是其中的翘楚。他本来是阳翟的大商人，往来经商于诸侯国之间，家产累计有千金之多。但他的心思可没有完全在经商上，在政治上同样有着敏锐的感觉，好像一只苍蝇在刻苦寻觅着一个有缝的蛋，只要机会来到，他会毫不犹豫地杀向前去。当他在赵国邯郸做买卖时，打听到这样一个消息：秦国的人质异人是秦昭王的太子安国君的中子。安国君宠爱华阳夫人，美而无子。异人生母为夏氏，无宠。吕不韦知道这件事以后，不禁脱口而出：“此奇货可居！”下面是他和其父的对话：

“耕田之利几倍？”曰：“十倍。”“珠玉之赢几倍？”曰：“百倍。”“立国家之主赢几倍？”曰：“无数。”曰：“今力田疾作，不得暖衣余食；今建国立君，泽可以遗世。愿往事之。”（《战国策·秦策五》）

接下来的情况是，吕不韦在公子异人身上下了极大的赌注，帮助他顺利地回到秦国，做了太子，后来成了国君。吕不韦也成了秦的相国，被封为文信侯，食邑十万户。同时还和秦庄襄王的遗孀有男女关系。不久太后怀孕，不韦恐怕阴谋泄露，于是找到一个名叫嫪毐的人，伪装成太监，与太后居住于雍地的宫殿中，满足太后的性需要并生有二子。最后事情泄露，嫪毐被秦王政（后来的始皇）灭掉。嫪毐的案子牵连到吕不韦，他被迫饮鸩而死。

吕不韦的政绩并不值得称道，可以说是商人投机政治的一个典型。我们实在无法从其一生行事中找到他遵守信义的事例，因为他的一生始终伴随着宫闱秘事，所以人们对他的道德总是不置可否。但值得一提的是，他在任上曾经组织人力编写了一部大书——《吕氏春秋》，又名《吕览》。与秦国崇尚法治的政治路线不同，这本书的思想属于“杂家”，内容杂有儒、道、名、法、阴阳等家思想，而且颇有古代民主思想的闪光，如：“天下非一人之天下也，天下之天下也。阴阳之和，不长一类。甘露时雨，不私一物。万民之主，不阿一人。”（《吕氏春秋·贵公》）在政治路线上，主张贤人为治、君虚臣实，等等，这些都与秦国的国策大相径庭。所以人们认为吕不韦的失败不全是因为宫闱秘事，也有他的政治主张与秦国奉行的思想路线难以调和的因素。

在《离俗览》中专门有《贵信》一篇，将“信”作为自然、社会之理来加以论述：

> 凡人主必信，信而又信，谁人不亲？故《周书》曰：“允哉！允哉！”以言非信则百事不满也。故信之为功大也。信立则虚言可以赏矣。虚言可以赏，则六合之内皆为己府矣。……天行不信，不能成岁；地行不信，草木不大。春之德风，风不信其华不盛，华不盛则果实不生。夏之德暑，暑不信其土不肥，土不肥则长遂不精。秋之德雨，雨不信其谷不坚，谷不坚则五种不成。冬之德寒，寒不信其地不刚，地不刚则冻闭不开。天地之大，四时之化，而犹不能以不信成物，而况乎人事？君臣不信则百姓诽谤，社稷不宁。处官不信则少不畏长，贵贱相轻。赏罚不信则民易犯法，不可使令。交友不信则离散郁怨，不能相亲。百工不信则器械苦伪，丹漆染色不贞。夫可与为始、可与为终、可与尊通、可与卑穷者，其唯信乎？信而又信，重袭于身，乃通于天。以此治人，则膏雨甘露降矣，寒暑四时当矣。

吕不韦认为，作为人君必须讲求信义，这样就使大臣与老百姓信任并亲近君主了。《周书》上说：“诚信啊诚信，言而无信则百事不成。”人主有诚信之德，即使是“虚言”也可以得到赏赐，那么天下不都为己所用了吗？天、地、四季尚且不能以“不信成物”，更何况人事呢？如果君臣之间不讲信义，那么百姓诽谤，国家不宁。官吏们不讲信义的话，那么少不畏长，贵贱相轻。赏罚之间不讲信义，那么老百姓就轻易犯法，不听使唤。朋友之间不讲信义，那么就互相埋怨，不肯同心一意地做事……所以做事要“信而又信”。

这里明显带有阴阳五行的思想，将天道与人事杂糅在一起，这是人事与天地相参的道理。《吕氏春秋》全书的结构也与此段的主题相应。如有名的“十二纪”是按照春生、夏长、秋收、冬藏的结构来组织的，与“春生”的主题相应，就配上关于《本生》《贵生》之类的文章；与“夏长”的主题相应，就配上一些《劝学》《尊师》以及谈论音乐的文章；与“秋收”的主题相应，就配上一些关于战争、军事的文章，在古人看来，秋季是行杀伐的时机，如《荡兵》《振乱》等；与“冬藏”的主题相应，谈论一些关于人格修养问题，如《忠廉》《士节》等。在作者看来，“人道”应该效法“天道”，这也是上述引文中体现的“信”的思想。

在《上德》中记载：“为天下及国，莫如以德，莫如行义。以德以义，不赏而民劝，不罚而邪止。”这里的“德”指统治者行恩惠于百姓，“义”指让老百姓明白战争的目的和道理，赏罚必信。“信与民期，以夺敌资。”“信”则人亲而百事满，天地万物毕为用，信而又信则上通于天，故贵信。《用民》说：“三代之道无二，以信为管（管，枢要的意思）。”信则赏罚行，赏罚行则老百姓能为君主所用，犯白刃、冒流矢、趋水火而不敢却，属于兵家学说。

郑国立国于新郑（今河南新郑），是西周末年、春秋初期的事情了。当时新郑一带多山，不利于农业，当地居民大多以经商维持生计。于是郑国国君就与商人订立盟约，双方约定：“尔无我叛，我无强贾，毋或盖夺。尔有利市宝贿，我勿与知。”意思是说，你们这些商人不要背叛国家，我也不加重你们的税收，更不会夺取。你们有什么利市宝物之类的，我也不打听。郑国商人们与国家之间一直信守着这一盟约。《左传·昭公十六年》记晋国大夫韩宣子出使郑国，宣子有一只玉环，而另一只在郑国商人手中，于是他向郑国国君提出要求。但郑国执政子产不同意，其原因是郑与商人的盟约在先，不敢违背。

有一次，帮助郑国守城的秦国将军杞子觉得郑国对他没有防备，于是暗中给秦国送信说：“郑国让我掌管着北门的防务，如果秦国大军悄悄地来，那么郑国就归我们所有了。”秦王采纳了他的建议，派大军秘密向郑国集结。但说来也巧，郑国商人弦高出外做生意，忽然发现了秦国的大军，他觉得其中有诈，于是一边上前与秦国主帅搭话，将皮、牛作为礼物送给秦军，一边派人向郑国报告。于是郑国人假装看望秦国帮助守城的部队，果然发现他们已经秣马厉兵，准备动手了。当他们得知阴谋败露以后，就仓皇逃离了郑国。弦高以他的机智挽救了国家。我们可以将弦高的行为解释为“爱国主义”，但同时也可以看出郑国商人们世代恪守着盟约，从中可以了解商人们的信义观。

白圭，周人也，是战国初年魏文侯时的人物。他的生意经是“人弃我取，人取我与”。丰年谷熟，他用丝、漆之类来交换；丝、茧成熟，他以粮食来交换。同时善于根据天时来安排经营活动，所以积钱巨万。他说：“我经商就像用兵一样，有伊尹、吕尚的谋略，孙子、吴起的用兵和商鞅的行使法令，可以说仁、义、礼、智、信、勇都兼备了。”所以人们经营产业，大都效仿白圭。《吕氏春秋·先识览》中记白圭相中山。中山王欲留之，白圭坚决辞去。到了齐国，齐王挽留，他也辞去了。人问他是什么原因，他说："这两个国家都有'五尽'，命运都不会太长。首先这两个君主言语都反复无常，使人不能相信，这是'信尽'。没有人称颂他们，这是'名尽'。没有人再爱这样的国家，这是'亲尽'。行者无粮，居者无食，这是'财尽'。不能用人，又不能自用，则'功尽'。国家有这'五尽'的话，不要存侥幸心理，肯定灭亡。"据此可知，白圭不只是一个有名的商人，同时也是一个了不起的政治家。

三　施润泽的发家史

这是明代通俗小说作家冯梦龙《醒世恒言》中的故事。

苏州府吴江县盛泽镇，在明代初年还是一个不大的小渔村，到了明代中叶，已经是一个非常热闹的集镇了。施复是盛泽镇上的一个小户人家的户主，他与妻子喻氏开了一张绣机，每年养几筐蚕儿，日子过得也很有滋味。这个镇上的居民一般都已经达到温饱水平，而且还有专门代理丝绸买卖的牙行。一些大户人家，等着牙行领客户到家中买丝绸，至于小户人家，因为本钱少，往往将织下的大约四五匹丝绸上市出脱。这一天，施复又积累了四匹绢，于是与媳妇打了一声招呼，就来到镇上。施复向来忠厚，他的丝绸以质量取胜，所以店家略微看了看，就兑好上等的银子给了施复。当然出于讨价还价的习惯，施复免不了要争个一分二分的。他收了钱，准备出来，忽然发现柜台下有个青布包，于是赶紧捡起来揣在怀里，到僻静的地方打开一看，里面大约有六两多银子。接下来，施复的发家计划就开始了。

他一路走，一路想：如今家中开着这张机，尽够日用了。有了这银子，再添上一张机，一月出得多少绣，有许多利息。第二年再添上一张机，一年又有多少利息。等到十年之外，便有千金之富。到那时可以造多少房子，买多少田产……不知不觉地快要到家了，他忽然转了念头：这银子如果是富人丢的，就像是水牛身上掉下的汗毛。如果是客商的，他离家别子，风餐露宿，辛苦挣来的钱丢了，心中也好不烦恼。如果是一个像我这样的小本经营的人，苦挣度日，或者刚刚卖了丝，或者刚刚脱了绣，丢了这钱，就好像断了气。要是因此卖身卖儿，或者寻了短见，那可怎么办？他想来想去，赶忙回到了那家店。

施复果然等来了失主朱恩。这位失主也是小户人家，银子失而复得，自然免不了对施复千恩万谢。从此以后，施复的生意一年好似一年，几年间，就增加了三四台绣机，家中比以前更加有钱，乡亲们送给他一个名号，叫施润泽。他后来又生了一个儿子。用当时人的话说，这也是一种报应，如果一个人积德行善，冥冥中总会得到报偿，这就是古人所说的“余庆”；如果作恶多端的话，那么就只有“殃报”了，轻则破财，重则下地狱。对于“殃报”的描述，中国老百姓从来不吝惜他们的语言。施复没有贪图捡来的钱财，这也不是偶尔的良心发现，而是他一贯忠厚的本性使然。

后来随着盛泽全镇缫丝业的发展，桑叶告急。于是施润泽联合一些织户准备到太湖那边购置桑叶。在太湖边上的一个渔村里，他正巧遇见了几年前丢银子的朱恩。于是施润泽被朱恩请到家中，两人结成了儿女亲家。朱恩家中有的是桑叶，自己用船将桑叶送到施润泽家中。后来施润泽盖房子的时候，从地下挖出前人窖藏的银子，有几千两，因此发了大财。他用这些钱为儿子迎娶朱恩的女儿过门，两家日子过得都很旺。用民间流行的说法是：种瓜得瓜，种豆得豆。一切祸福，自作自受。

四　诚信与生意经

很久以来，人们形成了这样一个观念——“无奸不商”。商人在交易中赚取差额，其积累的财富远不是躬耕垄亩的老实的百姓所能企及的。另一方面，人们依赖商人来互通有无，促进货物的流通，即使是最封闭的小国寡民的社会，也需要商人，而“诚实”的商人往往最受欢迎。

在古代，尽管有来自政府及其统治思想、人们的偏见等多方面打压，但是商人阶层及其文化仍旧持续存在着。儒商文化传统可以说是伦理道德与商业经营方式结合的产物。“儒”本来是“学者”的意思，古代的儒将指有学者风度、有涵养的将帅。儒商就是有学问的商人，他们不仅善于经营，还非常注重自身的文化修养和待人接物，出入“儒门”，言谈“儒雅”，行为具有“儒风”，与他人交接要讲礼仪。当然最重要的是在商业生活中，具有儒家的道德规范。正像上文分析过的那样，儒家重视“义”但并不排除“利”，而是在二者发生矛盾时，往往做出偏重于“义”的选择，注重古老道德在商业运作中的作用，反对“不义而富”。所以人们往往将白圭、范蠡等人称为早期的儒商，以区别于小商人、奸商。这是因为他们都提出过自己的经商理论，具有较高的知识修养和经营策略，同时又不将自己积累的财富据为己有，而是“取之于民，用之于民”。“诚信”可以说是他们在商业活动中的重要信条，作为商业活动的“信”有两个基本意思，一是对人讲信用，言而有信；二是要赢得他人的信任，取信于民。除了“信”以外，早期儒商崇尚和谐，崇道贵德，重义轻利，经商只是他们的立身之本，认为在商业活动之外有更高的层次在。富民而教，使国家强大，可以说是儒商的一贯传统。

在现代社会，人们又给儒商赋予了一层新意，社会已经进入了信息时代和知识经济时代，传统意义上的儒商是饱读诗书之士，从事简单的商业活动，而现在的意义则指具有较高的文化修养又具有人文关怀的现代企业家，古代的“天人合一”的观念在现代已经发展为人和自然环境如何协调的大问题，古代单枪匹马闯江湖赚钱的本事现在已为大规模的分工协作、跨国经营所代替。在如何协调人际关系、国际关系等方面，古代的“和为贵”“民无信不立”等命题越发显出它们应有的价值。

在古代流传着各种各样的“生意经”，如“人不婚宦，情欲失半。人不衣食，君臣道息”，“天下熙熙，皆为利来。天下攘攘，皆为利往”，“刺绣文不如倚市门”，等等。这些“生意经”基本属于小商人的，作为儒商的“生意经”的境界要高得多。

首先，是作为儒商的信条之一的“诚信为本”。“诚信”是本书多次重复的词，“诚”是真实无伪、不欺的意思，“信”有言行一致、不妄言、不二三其德等含义，诚信是人在人世之中存在的根据。在商业活动中，诚信一方面体现为经营者自身的“守信”行为，讲究信义，而不“食言而肥”；另一方面，体现为人民对商人的信赖程度。对经商者来说，取信于民是商业活动能否进行的关键。《管子·乘马》中说：“非诚贾，不得食于贾。非诚工，不得食于工。”春秋时代的齐国，以商业作为立国的基础，商业思想也最为发达。

晚清时期创办的杭州胡庆余堂生意一直兴隆，该堂的营业厅内挂有两块巨匾，一块朝着顾客，上书“真不二价”四字，另一块面对柜台，上书创办人胡雪岩亲笔手书“戒欺”二字，旁边有一段小字：“凡百贸易均着不得欺字，药业关系性命，尤为万不可欺。余存心济世，誓不以劣品代取厚利。”这两块匾额充分体现了该家药店的经营宗旨，又给顾客以诚实可信的印象。时间一长，胡庆余堂“雪”字招牌成为货真价实的代号，深受广大客户的信赖。[①]此外，我国有许多老字号企业，如《水窗春呓》记载：“著名老店，如扬州的戴春林、苏州的孙春阳、嘉善的鼎盛、京城的王麻子、杭州的张小泉，皆为天下所知，各店得名之始，亦只循诚、信二字为之。”

其次，与“诚信”这一道德修养相关，是儒商信仰“和”的精神。早在西周时期，“和”就成为个人、家庭、社会的普遍理想和价值标准。《论语·学而》中记载孔子弟子有子说：“礼之

① 宫达非、胡伟希主编：《儒商读本·外王卷》，第719页，云南人民出版社，1999年版。

用，和为贵。先王之道，斯为美，小大由之。有所不行，知和而和，不以礼节之，亦不可行也。”杨伯峻先生解释说：“礼的作用，以遇事都做得恰当为可贵。过去圣明的君王治理国家，他们宝贵的地方在大事小事都做得恰当。但是，如有行不通的地方，便为恰当而求恰当，不用一定的规矩制度来加以节制，也是不可行的。”这里的“和”据《礼记·中庸》中说：“喜怒哀乐之未发谓之中，发而皆中节谓之和。”在古代，音乐之声调和、好听称为“龢”，饮食味道好称为“盉”，人际关系协调称为“和”。怎样来使人际关系“和”起来呢？如果人生活在欺骗横行、诈伪奔竞的社会，是否能做到“和”呢？答案是不言而喻的，只有诚实无欺，讲究信义，才能使人与人和睦相处。

古代《三字经》中有“忍为高，和为贵”的句子，忍耐虽然也是一种美德，但无原则的忍耐只会助长恶势力的膨胀，成了古人所说的“乡愿”小人了，这实际上并不符合“和”的初义。古人在崇尚“和”的同时，还有一个更重要的思想，即“和而不同”。《国语·郑语》中记西周末年的史伯说：“和实生物，同则不继。”在《左传·昭公二十一年》记载晏子对齐君说的话，说“和”就好像“羹汤”一样，需要水、火以及盐、梅、酸等调味品，然后由厨师调和来煮鱼肉。又好像音乐一样，必须五音齐备，声音清浊、短长、刚柔之类搭配协调，然后才能演奏出大美的音乐。君臣之间也是一样：“君所谓可而有否焉，臣献其否以成其可；君所谓否而有可焉，臣献其可以去其否。是以政平而不干，民无争心。”君提出一种意见，臣提出相反的见解，这样择善而从，政治就清明了，这就是“和”。如果君提出见解，臣随声附和的话，这就是“同”，那么政治就只能失败了。就好像五声、五味一样，只有一种味道、一种声音，那么还能吃、能听吗？可以说，只知道随声附和的人，虽然极容易讨好别人，但大都是有野心的人，心怀奸诈。孔子讨厌这种人，说：“乡愿者，德之贼也。”而敢于提出相反意见的人，往往是比较值得信赖的人，孔子说“狂狷”，是“狂者进取，狷者有所不为也”。又说：“吾未见刚者。”其原因在于这些“刚者”内心诚实，值得信任。《论语·子路》中说：“君子和而不同，小人同而不和。”“和”是会聚不同的事物或看法，并使之平衡，“同”则是简单的同一。“和”在商业经营上体现为“和能生财”的观点，在经营团体中，培养相互信任、互相合作的关系。孟子说：“天时不如地利，地利不如人和。”“和”的思想也容易树立起团体成员的忠诚观，将自己的命运与团体的命运紧密相连。

古代社会的商人通常采取家族式的经营方式，这样经商的家庭与周围人群之间的关系尤为重要。所以“和为贵”的思想体现在与乡邻之间培养和谐、信任的感情，同时用自己积累的财富来造福于乡邦，这也是古代“儒商”们极为宝贵的传统。如春秋时代越国的大夫范蠡在帮助勾践打败夫差、灭了吴国以后，毅然辞官，泛舟五湖，经商三致千金。但他深知“君子爱财，取之有道”之理，每次都不忘散财以周济邻里，为乡人所拥戴。又如清初徽商汪拱乾靠勤劳致富，家财万贯却异常节俭，穷人向他借钱，往往尽量满足要求。按照当时生意习惯，借钱都要加上几分利钱，时间长了，穷人还不上。这时候汪想起范蠡的做法，招来欠债人，当面烧毁了那些借据，人们自然非常感戴他的恩德，其家业也因此昌盛不衰。古人深明物有盈亏之理，在亦聚亦散之间培养了人们相互信任的感情，就好像《战国策》中记载的冯谖一样，虽然为孟尝君焚毁了债券，但是为他买回了“义”。物是有形的，但“义”是无价的，在一买一卖之间，凝聚了非常高超的智慧。

信义：交往理论

先秦时代各派思想家都有对信义的论述。由于主要思想不同，对信义的理解自然也不同。对先秦思想家来说，信义不是单独的思考对象，而是隶属于他们对道德、伦理的思考和理解。

一　孔子对信义的理解

仁学是孔子学说的中心。“仁”体现为一种伦理思想，如“克己复礼，仁也”。（《左传·昭公十二年》）意思是说克制自己，使自己的言行符合周礼的要求。仁学的基本要求是“孝”“悌”“忠”“信”之道，这也是儒家所倡导的基本伦理。从产生和应用范围来说，“孝”“悌”的观念来源于古代家族成员之间的相互关系，指的是家族内部的血缘伦理，“孝”是指作为晚辈对父辈应尽的道德义务，“悌”是指同辈兄弟之间伦理关系。“忠”“信”指的是社会成员之间的相互关系，是一种社会伦理。孔子说的“仁者爱人”实际上是指“人”应该由“爱亲”扩展开去，有差别地“爱人”，在社会成员之间建立相互和谐的爱和信任关系。可以说，孔子的伦理思想深深地扎根在古代宗法社会的土壤里。

在孔子的《论语》中，多次谈到过“信”。“信”是孔子所用的常识性的伦理概念，隶属于他的仁学体系。《论语·阳货》中记子张问孔子关于仁的道理。孔子曰：“能行五者于天下，为仁矣。”“请问之。”曰：“恭、宽、信、敏、惠。恭则不侮，宽则得众，信则人任焉，敏则有功，惠则足以使人。”“信”的基本含义首先是指与朋友交往的原则，如《学而》中说：

> 子曰：“弟子入则孝，出则弟，谨而信，泛爱众，而亲仁，行有余力，则以学文。”
>
> 子夏曰：“贤贤易色，事父母能竭其力，事君能致其身，与朋友交言而有信；虽曰未学，吾必谓之学矣。”

意思是说，你们在父母面前，要讲究孝道；在兄长面前，要尊敬兄长。谨慎小心，诚实可信。博爱大众，接近有仁德之人。行有余力，再学习文献。这是孔子对弟子提出的道德要求，如果能做到这一点的话，人格就完善了，道德上也没有什么亏缺。古人认为，如果一个人在家讲究孝道，那么出外自然就会懂得“忠君”的大义，于友道自然讲究“诚信”，这对儒家来说，是自明之理，不需要进行伦理的推衍和论证。

从某种意义上说，诚信是对人的基本要求，人打懂事那天起，就开始了一种“社会化”的过程。将习俗上所允许或者强调的事情灌输给孩子们，如尊敬长辈、讲究信用等，同时把习俗上的禁忌，无论是来源于迷信还是古老的信仰也都告诉给孩子们。这种“社会化”的过程一方面通过家长传授给孩子，同时也通过学校来完成。孔子是古代私人讲学的第一人，“子以四教：文、行、忠、信。”（《论语·述而》）从这点上说，他是对那些常识道德进行了有意识的强调，同时也赋予了那些常识性的道德以新意。孔子说：“只有十户人家的小居民点，一定会有像我这样讲究忠信的人，但不一定有我这样好学。”孔子在许多场合都说过“主忠信”的话，造就“君子”是孔子教育的中心内容，从这一目的出发，他教导自己的弟子们立意要高，注重学习君子的道德。《论语·子路》记载，有一次孔子的学生樊迟请求学习种庄稼。孔子生气地说：“吾不如老农。”樊迟继续问种菜的方法。孔子更加生气了，说：“我不如那些老种菜的。”樊迟出去以后，孔子说：“樊迟真是小人！贵族们讲究礼节，百姓就没有人敢不尊敬。贵族们行为正当，百姓就没有人敢不服从。贵族们诚恳，讲究信义，老百姓就没有人敢不说真话。真能做到这样，四方的百姓都会背着小儿女来投奔了，为什么要自己去种庄稼呢？”言外之意是说，人既然从师学习做君子的道理，就要处处做老百姓的表率，起管理者的作用，而不需要学习简单的劳动者的技能。

> 子曰：“君子义以为质，礼以行之，孙（逊）以出之，信以成之。君子哉！”（《论语·卫灵公》）

孔子还说，君子做某种事业，要以合宜为原则，依据礼节实行它，讲话要谦逊，用诚实的态度来完成，这样才是真正君子的行为。“忠”“信”既是君子的道德，也是孔子认为庶民应该注重培养的品德。他说，如果言语忠信诚实，即使是在语言不通、文化原始的蛮貊之邦也能行得通，如果“言不忠信，行不笃敬”，即使是在本乡本土，也难行得通。（《论语·卫灵公》）

有一次，孔子与其弟子颜渊、子路在一起谈话，孔子问他们的志向，子路说：“如果我有车、马、衣服或者皮裘，愿意与朋友一起享用，即使用坏了也不遗憾。”颜渊说：“我不夸耀自己的能力，不将劳苦强加于人。”二人问孔子的志向，孔子说：“老年人安心养老，朋友之间讲究信用，少年得到关怀。”（《论语·公冶长》）从朋友之间讲究信义的这一义出发，孔子肯定侠客的道德。子贡有一次问孔子，究竟什么样可算是“士”。孔子回答说，“修身处事注意一个‘耻’字，为国家出使四方不辱君命，这可以算是士了。”“次一等的士是什么？”“在宗族之中讲究孝道，在乡邻中讲究‘悌’。”“第三类的士怎么样呢？”孔子回答说：“是那些言必信、行必果的人物。”他在《论语·学而》中借有子之口说：“信近于义，言可复也。”据杨伯峻注说：“所守的约言符合义，说的话就能够兑现。”[①]当然孔子不满意侠客们为了小义、小利而牺牲生命的做法，他认为，人的牺牲应该出于崇高的目的，他提出“杀身成仁”的思想以及“笃信好学，守死善道”，都体现了他与侠客们完全不同的境界。

孔子虽然出身于布衣，但其祖先属于宋国的世家，迁居鲁国以后，家世衰微，因刻苦学习贵族社会的经典，在当时就有人以

① 杨伯峻译注：《论语译注》。

“圣人”目之。孔子多次强调“主忠信”对为政的重要性，他的信义观实际上代表的是贵族阶级的思想，也就是“主人”的道德观。同时他强调信义是“君子”修养的重要方面。“君子”是介于国君与庶民之间的中间阶层，是贵族，这样就决定了“君子”的权利和义务，以及对“上”（国君）和对“下”（庶民）采用不同的价值标准。“忠”是对国君要忠心，要负责任；“信”是使庶民信赖，不要使庶民对政权产生动摇。《论语·学而》中说：“子曰：道千乘之国，敬事而信，节用而爱人，使民以时。”对庶民讲“信”反映了孔子的民本思想。

> 子贡问政。子曰：“足食，足兵，民信之矣。”子贡曰：“必不得已而去，于斯三者何先？”曰：“去兵。”子贡曰：“必不得已而去，于斯二者何先？”曰：“去食。自古皆有死，民无信不立。”（《论语·颜渊》）

“足食足兵”是春秋时代各国追求的目标，但是孔子认为老百姓对政府的信赖才是最重要的，所以当政者应把培养百姓的信义作为施政的首要任务，当然如果不“足食足兵”，而使老百姓啼饥号寒的话，那么更不可能培养这种信任。孔子在这里过分强调了“信义”这一精神价值。

二 孟、荀对信义的反思

孟子是战国中期儒家的代表人物，在他生活的时代，诸侯各国竞相开展变法运动，追求富国强兵。孟子则强调以仁政来统一天下，反对霸道，所以他的思想与当时统治者不合。晚年与弟子万章等人著《孟子》七篇。

孟子的信义观隶属于他的“仁政”体系，在这点上，他继承了孔子的学说而有发展。孔子多次强调“足食、足兵……民无信不立”的道理，注重培养老百姓对于统治者的信心。孟子也持相同的见解，具体来说就是“省刑罚，薄税敛”，先使老百姓过上吃饱穿暖的生活，在闲暇时，统治者教育老百姓孝悌忠信的道德，这样即使拿着木棍那样的原始武器也可以同秦楚的“坚甲利兵”作战了。（《孟子·梁惠王上》）

在《滕文公上》中孟子给农家学派的弟子陈相上了一课。他说大禹治水的时候，八年于外。后稷教导百姓种田，老百姓终于能够吃饱饭了，但如果没有教化的话，和禽兽相比也没有什么区别。于是圣人开始担心这件事，让契担任司徒，教导百姓一些人伦大道，如“父子有亲，君臣有义，夫妇有别，长幼有序，朋友有信”。《大学》中也有与孟子相似的论证：“为人君，止于仁；为人臣，止于敬；为人子，止于孝；为人父，止于慈；与国人交，止于信。”这里的“国人”的范围要大于朋友，但道德准则都是“信”。在《告子上》中说：

> 有天爵者，有人爵者。仁义忠信，乐善不倦，此天爵也。公卿大夫，此人爵也。古之人，修其天爵而人爵从之。今之人，修其天爵以要人爵。既得人爵而弃其天爵，则惑之甚者也，终亦必亡而已矣。

“天爵”意指自然赋予的爵位，“人爵”是权力机关赋予的爵位。仁义忠信之类道德是自然爵位，公卿大夫之类属于人爵。古人修养他的自然爵位，于是社会爵位也就跟着来了。现在的人修养他的自然爵位，来追求他的社会爵位，已经得到了社会爵位，便放弃他的自然爵位，那就太糊涂了，结果连社会爵位也会丧失的。从以上记载可以看出，孟子一方面承认仁义礼智信是“天赋”的道德，同时又认为这几种德行也是圣人的教化，反映了他对道德起源的矛盾性。在《离娄上》中，孟子讲述了为了实现治民的理想，而得到上司信任的办法：

> 孟子曰：“居下位而不获于上，民不可得而治也。获于上有道，不信于友，弗获于上矣。信于友有道，事亲弗悦，弗信于友矣。悦亲有道，反身不诚，不悦于亲矣。诚身有道，不明乎善，不诚其身矣。是故诚者，天之道也；思诚者，人之道也。至诚而不动者，未之有也；不诚，未有能动者也。”

大意是说，职位卑下，又得不到上级的信任，是不能把百姓治理好的。要想得到上司的信任，首先要得到朋友的信任。要使朋友信任，必须首先得到父母的欢心。若是侍奉父母而不能使父母高兴，朋友也就不信任了。要使父母欢心，就要正心诚意。“诚”是天道，追求诚是做人的道理，不诚心是不能感动别人的。这里，孟子是遵循一个收缩路线，即治民（施行仁政）——取悦上司（“忠”）——朋友信任（“信”）——父母欢心（“孝”）——正心诚意（“诚”），关键是从基础做起，也即从“诚”开始。

孟子在先秦思想家中最为推崇个体人格，将人格境界划分为六个品级，反映了孟子对完美人格的追求：

> 浩生不害问曰："乐正子何人也？"孟子曰："善人也，信人也。""何谓善？何谓信？"曰："可欲之谓善。有诸己之谓信。充实之谓美。充实而有光辉之谓大。大而化之之谓圣。圣而不可知之之谓神。乐正子，二之中、四之下也。"（《孟子·尽心下》）

所谓"充实之谓美"，是说"善""信"的观念充实于心中，而形见于外，即所谓"内圣外王"，这就是"美"，属于人格美的范畴。"充实而有光辉是谓大"，这应该是比"美"的境界更高一层，即"充实善信而宣扬之"，指自己"内圣外王"之后同时也要推己及人，发扬光大。"大而化之之谓圣"是在"大"的基础上"大行其道，使天下化之"。"圣而不可知之之谓神"，这是最高境界。《易传》上说："阴阳不测是谓神"，到了"不可知"的境界也就到了"神"的境界了。

孟子在这里将人格分为六个品级，即"善""信""美""大""圣""神"。其中"善""信"是对人的道德评价，而"美"在道德评价之上，属于美学范畴的概念，"大""圣""神"则指个体人格扩展而与自然及宇宙本身达到天人合一的境界。所以他说"乐正子"也只是在"善""信"上说得过去，却没有达到比此更高的境界。"善""信"是人格的基础，是人容易达到的境界。"善"是"可欲"的意思，人在行动中只追求"可欲"的东西，也就是符合仁义的东西，而不去追求那些"不可欲"的东西。“信”是“有诸己”的意思，是指人在行动中处处都以自己本性中所固有的仁义等原则做指导，而不背离它。这一点朱熹解释得比较好。《朱子语类》卷六释“诚”“忠”“孚”“信”等名义，说：“一心之谓诚，尽己之谓忠，存于中之谓孚，见于事之谓信。”

孟子的六个境界反映了他对人的生存目的的探询，强调人的社会伦理属性的同时，崇尚个体人格，这使他的信义观超越了当时人们只注重社会伦理的视野，而上升为一种人间正气。孟子曰：“大人者，言不必信，行不必果，惟义所在。”这是针对侠客的道德而说的，他认为侠客为了践履“信”不惜杀身，而不问这种“信”究竟合不合乎正义，这是侠客道德的缺陷所在。孟子伦理学说中有许多重要的思想，诸如“舍生取义”“浩然正气”等，这种“义”的境界就根本不是侠客道德所能比拟的，相对来说，人们常识上的“信义”实际上只是孟子学说的一个部分，是他人生境界论中的一个较低的层次。

荀卿，赵国人，年五十游学于齐国稷下学宫，三为祭酒，后在楚国任兰陵令。他到过赵、齐、秦、楚等国家，其思想具有评价百家的综合倾向，是战国后期儒家的集大成者。荀子的伦理思想与孟轲相比有很大不同。孟子将仁义视为最高的道德标准，强调道德的主观性和内心的自觉性；而荀子将礼作为道德生活和社会生活的最高准则，强调人与人之间的社会关系和外在的规范。与孟子相同的是，对“礼”的践履必依赖于内心之“诚”，《修身》篇说：“君子养心莫善于诚，致诚则无它事矣。唯仁之为守，唯义之为行。诚心守仁则形，形则神，垂能化矣。”“夫诚者，君子之所守也，而政事之本也。”

荀况在他的著作中多次谈到“信”。（据统计，“信”字共出现107次，“信”除了具有相信、假借为屈伸的“伸”以外，基本上接近本文所探讨的问题。）“信”首先体现为儒家特有的对“士”的道德要求。荀子认为“士”应该不满足于仅仅作为一个“士”，应该“积礼义为君子”，而“君子”的特征是“无爵而贵，无禄而富，不言而信，不怒而威，穷处而荣，独居而乐”（《荀子·儒效》），最后成为“圣人”。士、君子、圣人是人生的三种不同的境界，而培养“诚信”（在荀子书中共出现5次）、“忠信”（共出现27次）的品德无疑是修身的重要内容。《修身》篇说：

> 体恭敬而心忠信，术礼义而情爱人，横行天下，虽困四夷，人莫不贵。劳苦之事则争先，饶乐之事则能让，端悫诚信，拘守而详，横行天下，虽困四夷，人莫不任。

意思是说，外貌恭敬而内心忠诚，遵循礼义而又有爱人的情感，这样的人走遍天下，即使困厄在四方，人们也没有不尊重他们的。劳苦的事抢先去做，有利享乐的事却能够让给别人，端庄谨慎忠诚老实，谨守法律而明白事理，这样的人走遍天下，即使困厄在四方，人们也没有不尊重他们的。与孟子不同的是，荀子强调的“士”是“悫士”，其特点是“庸言必信之，庸行必慎之，畏法流俗，而不敢以其所独甚，若是则可谓悫士矣”。意思是说，说一句平常的话也要老老实实，做一件平常的事也要小心谨慎，不敢效法流行的风俗，也不敢干特别喜欢干的事情，像这样拘谨的老实人就可以称为“悫士”。而像那些“言无常信，行无常贞，惟利所在，无所不倾”的人只能称为“小人”了。《不苟》篇强调：“公生明，偏生暗，端悫生通，诈伪生塞，诚信生神，夸诞生惑。此六生者，君子慎之，而禹桀所以分也。”

荀子曾经到过许多国家，如在齐国为祭酒，与临武君“议兵”于赵孝成王前，与秦昭王谈儒家之功效，最后在楚国兰陵讲学著书。其中秦国政治的简朴有效、老百姓的古朴和官员的端悫朴实给他留下了深刻的印象，所以他赞美秦地的“形胜”之外，用“古之民也”“古之官吏也”来形容秦地的百姓和官员。（《荀子·强国》）在回答秦昭王“儒者做君主会怎样”时，荀子回答说：

> 其为人上也，广大矣！志意定乎内，礼节修乎朝，法则度量正乎官，忠信爱利形乎下。行一不义，杀一无罪，而得天下，不为也。此君义信乎人矣，通于四海，则天下应之如欢。（《荀子·儒效》）

意思是说，儒者当了君主，影响就广大了。他的内心意志坚定，于是在朝廷上，礼节就会得到整饬。在官府中，法律准则、规章制度就会得到贯彻。在民间，忠诚老实、仁爱、利人等美德就会形成风气。这样君主的信义就被人民相信了，传遍四面八方，人民就会欢呼他、响应他。

在荀子的学说中，也有一定的法家思想的影响，他强调“隆礼重法”，但与法家所奉行的“法”有所区别，他强调“法”的继承性，而不是脱离习惯和习俗的硬性的法。在《王霸》中他说，人生短暂得就像一天，但却存在着上千年的国家，这是什么原因呢？这是采用了那些积累了上千年的确实可靠的办法（荀子称为“信法”）来维持国家，又与那些千年中的忠诚之士（荀子称为“信士”）一起维系的缘故。“以夫千岁之法自持者，是乃千岁之信士。”在《富国》中，荀子说：“上不爱民则兵弱，已诺不信则兵弱，庆赏不渐则兵弱，将率不能则兵弱。”在《王霸》中说：

> 故用国者，义立而王，信立而霸，权谋立而亡。三者，明主之所谨择也，仁人之所务白也。

意思是说，治理国家的人，如果采用仁义之术，那么就可以以王道来统一天下，这一点是儒家的政治理想，即“王道政治”。其次确立法律的尊严与威信，这样就可以以霸道来统一天下了。如果一味凭借权术和谋略，那么国家很快就会灭亡。作为治术的“信”一方面指法律的威信，同时也指社会的上层与下层、官僚阶层与庶民阶层要“上下相信”，保持一心，这样才能使天下“莫之敢当”。《王霸》中说：“刑赏已诺信乎天下矣，臣下晓然皆知其可要也。政令已陈，虽睹利败，不欺其民；约结已定，虽睹利败，不欺其与。如是，则兵劲城固，敌国畏之；国一綦明，与国信之；虽在僻陋之国，威动天下，五伯是也。”荀子曾举例说，齐桓、晋文、楚庄、吴阖闾、越勾践，这些人物，他们都是僻陋之国的国君，但是他们的军威耸动天下，相继做霸主的原因没有别的，只是使上下同心，这就是“信立而霸”的道理。（《荀子·王霸》）

三　“背周道而用夏政”的墨子

墨子，在《史记·孟子荀卿列传》后附数语，说他可能是宋国的大夫，喜欢研究守城的器械，要求节约吃穿用度。《淮南子·要略》中记，墨子学说是从儒家中分离出来的，因为儒家讲究厚葬久丧，于是墨子背弃周代的繁文缛节而采用夏代简朴的生活，即“背周道而用夏政”。

周代的礼制发展到春秋末期已成了人们生活的繁重负担。孔子曾慨叹繁文缛礼对人性的压抑，而推崇人的真性情，以仁释礼。同时针对贵族生活的日渐精致和奢侈，表达了对原初社会俭朴生活的向往之情。《礼记·礼运》：“子曰：我欲观夏道，是故之杞，而不足徵也，吾得夏时焉。”“杞”相传是夏朝的遗国，孔子想要考察夏朝的风俗，于是到那个国家去，但除了了解夏朝历法之外，其他方面都不足征引了。《泰伯篇》对禹表达了赞美之情，认为其“菲饮食而致孝乎鬼神”，自己对饮食之类从不讲究，但对鬼神表示虔诚。“卑宫室”“尽力沟洫”则是称道禹对华夏民族做出的贡献。老子哲学也对贵族末世的奢侈享乐之风以及接踵而来的家庭社会悲剧进行了深入的揭示，“富贵而骄，自遗其咎”。与孔、老相比，墨家鉴于社会的现状，其所奉行的法则更具有实践性和革命性。

儒家崇尚文、武、周公之“周道”，而墨家崇拜禹及“夏道”，儒墨两家虽并称显学，但其学说是根本对立的。《墨子·公孟》认为儒家学说有四个方面足以丧天下：不崇拜天、鬼，这是其一；厚葬久丧，准备两重棺椁，衣被之类太多，造成巨大浪费，这是其二；强调弦歌鼓舞之类，这是其三；不相信命运，这是其四。因而创为十大项目，即兼爱、非攻；节用、节葬；尚贤、尚同；天志、明鬼；非乐、非命。而兼爱、非攻最为代表墨子的学说。孟子批判墨子学说时说："杨氏为我，是无君也；墨氏兼爱，是无父也。"这是"禽兽之行"。那么"兼爱"和"无父"之间有何联系？从中可以看出儒墨两家的不同。在儒家看来，忠、孝是一个人最重要的伦理义务，墨家强调人与人之间的"爱"与子对父之间的爱的无差别性，实际上也就与儒家的人伦"孝"发生了冲突。杨朱强调"为我"，珍重个体生命、个体价值高于一切，不以一毫毛利天下，自然也就没有了对君主尽"忠"的义务。荀子在《非十二子》中也批驳墨家学说，认为其崇尚功用，主张节俭，忽视社会"差等"的言行是"欺世惑众"。

《尸子·广泽》《吕览·不二》中说："墨子贵兼"。"兼爱"是其理论中心，也是其社会学说之最高理想。"兼爱"的原则要求人们超越家庭血缘的伦理，同时也超越国与国之间、国与家之间地域上的界限。他认为社会罪恶的根源是人们彼此之间不互相信赖。墨子自称为"兼士"，非墨家者称为"别士"。《兼爱》中认为当今之时"天下之害"为"大国之攻小国也，大家之乱小家也，强之劫弱，众之暴寡，诈之谋愚，贵之敖贱"。这种种人类罪恶起于人们的自私自利。通过充满血腥的兼并和屠杀来扩大自己的产业，使天下陷入长期动荡不安的旋涡中。如何根治这一"天下之害"？墨子提出一伦理原则"兼爱"，创造一个平等博爱的社会。"视人之室若其室，谁窃？视人身若其身，谁贼？视人家若其家，谁乱？视人国若其国，谁攻？"（《墨子·兼爱上》）强调无差别的爱。大家彼此相信，遵守和平共处的伦理，那么自然一切都太平无事了。如果把别人的家室视作自己的家室，把别人的身体视作自己的身体，那么怎么会有偷、杀这样的事情呢？可见，墨子并不是否定人的家庭、血缘伦理，但他强调人的目光不应局限在这一血缘层面上，应注重人作为社会人的道德价值和社会联系，并以古圣如禹、汤以及周诗所记来论证兼爱之说的可行性。与儒家“亲亲之杀”“尊贤之等”的家族伦理观念不同，墨子思想无疑带有泛人类的色彩。由“兼爱”出发必然强调“非攻”，即反对不义战争。强调救守、防御，认为攻击别人的国家就是非正义的行为，《墨子》书中《备城门》《公输》等都是墨子主张的实践。

墨家信徒大多数是手工业者，其原型是手工业者的行会组织，其教规极严。如学生在政治上有了位置，就得推行墨家的主张，否则就得辞职，如《墨子·耕柱》中所记高石子之例；如违背墨家的主张，墨翟就斥退他，如《墨子·鲁问》中胜绰之例；学生有了俸禄，须分其一部分给墨家团体使用，如《墨子·耕柱》所记耕柱子之例。《墨子·尚贤下》说：“有力者疾以助人，有财者勉以分人，有道者劝以教人。”首领称为“巨子”，墨翟本人是第一任“巨子”。墨家学派最具侠义行为，当墨子在北方听到当时另外一个能工巧匠公输班（鲁班）为楚国造云梯准备攻打宋国的消息，于是千里迢迢地赶到宋国，与公输班斗法，终于迫使公输班与楚王屈服。（《墨子·公输》）

除墨子之外，见于先秦史书的墨家“巨子”还有三人，即孟胜、田襄子、腹𬃷（tūn）。其“巨子”相传之法依梁启超所言颇似禅宗之传衣钵。[①]《淮南子·泰族训》中说："墨子服役者百八十人，皆可使赴火蹈刃，死不还踵。"墨家的侠义与那些"以武犯禁"的"乡曲之侠"不同，他们是以当时天下为施展的舞台，奉行的不是个人恩怨的"小义"，而经常是事关国家兴亡的"大义"。故司马迁《游侠列传》中说，像郭解、朱家这样的"闾巷之侠"，"修行砥名，声施于天下，莫不称贤"，"然儒墨皆排摈不载"。

墨子思想在战国时代与儒家并称"显学"。《韩非子·显学》中说孔子、墨翟"俱道尧舜，而取舍不同"，俱属于"非愚即诬也"。墨子后学分化为相里氏、相夫氏、邓陵氏三派，秦汉以来便告消亡。其原因一方面如《庄子·天下》所论："其生也勤，其死也薄，其道大觳。使人忧，使人悲，其行难为也。恐其不可以为圣人之道，反天下之心，天下不堪。墨子虽能独任，奈天下何？"凡人之情莫不贪生怕死，好逸恶劳，而墨子独强调夏禹之辛劳，救难解纷，倡非乐，节用节葬，将物质与精神享受降到最低限度，所以《庄子·天下》虽然认为墨子是"真天下之好也，将求之不得也，虽枯槁不舍也，才士也夫"，但同时也认为墨子之主张与行为不近人情，强调个人对社会的功用价值而忘却了个人这一生物体的存在。"必去喜、去怒、去乐、去悲、去爱，而用仁义"，这可说是反人性的主张。王充也认为墨子"虽得愚民之欲，不合智者之心"（《论衡·薄葬》），认为其消亡是由于自身学说的缺陷。郭沫若则认为："墨学的失传倒是由于

① 梁启超：《先秦政治思想史》，第165页，东方出版社，1996年版。

自己的瓦解。第一是由于墨学后学多数逃入了儒家、道家而失掉了墨子的精神，第二是由于墨家后学过分接近了王公大人而失掉了人民大众的基础。”[①]他认为在后期墨家著作中充斥了儒道学说，从而放弃了墨子哲学的精神；同时，在《吕氏春秋·上德》记墨家巨子孟胜为阳城君守城战死之事，认为这一侠义之举为王公大人所利用，凡此皆构成了墨家消亡的条件。

四　道德厌倦者——老庄

据《史记·老庄申韩列传》记载，老子姓李，名耳，字聃，是“周守藏室之史”，生于楚国苦县厉乡曲仁里。案“苦县”原属春秋时代的陈国（大致在今河南鹿邑县），春秋末年为楚国所灭。关于其生卒年，《史记》用了“或曰”“云”“盖”“世莫知其然否”等表示存疑。可知早在汉初，老子的生平事迹就已无法确定了。《史记·孔子世家》记孔子形容老聃：“神龙见首不见尾，老子其犹龙乎？”后来神仙方术之兴，老子多被附会为神仙，而故事亦转为荒诞，离史实愈来愈远矣。

老子哲学基本上属于隐士派的哲学，认为人类生活的理想境界在原初“小国寡民”的状态，强调素朴的生活态度，并根据伦理历史主义的原则构筑了历史发展观，使历史与道德哲学联姻。对老子来说历史的意义只是相对于社会的道德体系而显露出来的，没有这一道德或形而上学的体系，就不可能对历史做出评

① 《郭沫若全集·历史编·墨子的思想》，第477页，人民文学出版社，1982年版。

价，也不可能有对历史的理解。《老子》十八章云："大道废，有仁义。智慧出，有大伪。六亲不和，有孝慈。国家昏乱，有忠臣。"王弼注曰："甚美之名生于大恶，所谓美恶同门。六亲，父子兄弟夫妇也，若六亲自和，国家自治，则孝慈忠臣不知其所在矣。鱼相忘于江湖之道，则相濡之德生焉。"三十八章云："故失道而后德，失德而后仁，失仁而后义，失义而后礼。夫礼者，忠信之薄而乱之首也。"道、德、仁、义、礼相因而递生，愈来愈离质朴而趋文华。在老子时代，"礼"已演为繁文缛节，拘锁人心，同时成为剽窃名位的工具，而人们之间交往的忠信之质反而不见了。

老子认为，"信"作为人们之间交往的原则，体现了古代素朴的道德。"信"的初意是说话要讲求信用，即"言善信"（八章）。从表现形式上说，"信言不美，美言不信"（八十一章）。意思是说，真实的言辞不华美，华美的言词不真实。作为交往的智慧，他概括说："轻诺必寡信"（六十三章）。轻率的许诺是否兑现是很值得怀疑的。《庄子·列御寇》中讲了一个"曹商使秦"的故事。大意是说，宋国有一个叫曹商的人，为宋王出使秦国。去的时候，宋王给车数乘，回来的时候，秦王给他百辆车。他见到庄子说："要说住在狭窄的巷道中、低矮的草棚里，靠卖草鞋来维持生计，饿得精瘦，这是我的短处。至于说服万乘之主，使他高兴，回来就给我百乘兵车，这是我过人的地方。"庄子对他说："我听说秦王有病召医，如果能吸吮他后背的痈疮，就赏一辆车。如果舔痔疮就赏给五辆车，所治愈下，得车愈多。您是舔痔了吗？为什么能得到这么多车？您还是赶快走开吧！"

就统治者与人民的关系来说，老子认为，在最好的世代，人民根本不知道统治者的存在；其次，人民亲近而赞美他；再次，人民畏惧他；最后，人民轻侮他。统治者的诚信不足，人民自然也不信任他。（十七章）四十九章说：

圣人常无心，以百姓心为心。善者，吾善之；不善者，吾亦善之；德善。信者，吾信之；不信者，吾亦信之；德信。圣人在天下，歙歙焉，为天下浑其心，百姓皆注其耳目，圣人皆孩之。

据陈鼓应先生注说：有道的人没有私心，以百姓的心为心。善良的人，我善待他，不善良的人，我也善待他，这样可使人人向善。守信的人，我信任他，不守信的人，我也信任他，这样可使人人守信。有道的人，收敛自己的情欲，使人心思化归于浑朴，百姓都专注他们自己的耳目，有道的人都使他们回复到婴儿（真纯）的状态。[①]需要明确的是，这一婴儿状态是老子哲学常用的比喻，道家一直强调“游心于物之初”和“返性之真”，那时无知无欲，一切依靠着自然本能来生活，不为物役，处处体现为原始的自由。当然，这只能是一种心灵境界的表达而已。

儒家在探讨礼义道德的起源时，通常与动物社会做比较，强调道德对整饬社会的作用。但道家所向往的“至德之世”的生活却与儒家不同。战国时代的庄子学派主张“同与禽兽居，族与万物并”，没有“君子”与“小人”的界限，人们之间的交往

① 陈鼓应注译：《老子今注今译》，中华书局，1992 年版。

自然而真实，“含哺而熙，鼓腹而游”，类似于伊甸乐园。与这一理想相比，人世是一卑污的处所，礼义是人心的锁链。对儒家的理想人物尧、舜等人，庄子指出“尧不慈，舜不孝”，汤武放伐为不忠，大盗以仁义窃国，小儒以诗礼盗墓。（《庄子·外物》）在《庄子·胠箧》中讲了一个“田成子”的故事，就很说明问题。

关于战国时代田姓之齐的先世，在春秋史书中记载得较为详细。田姓出于陈公子完。公子完亡国后，来到齐国。这时候，齐国有一位大夫准备将女儿嫁给他，事先依照当时的习惯，占了一卦，卦象显示大吉大利，繇辞说：“五世其昌，并于正卿，八世之后，莫之与京。”可以说贵不可言。到了春秋末年，陈氏成了当时齐国首屈一指的大族，同时非常注重与齐君争夺民心。比如说，他以大斗放粮，而以小斗收进，数量不变。从山上砍来的木材到市场上卖不加收多余的税额，所以老百姓都归顺陈氏。当时齐国的贤士晏子就曾预言说：“政归田（陈）氏矣！”后来经过几代的准备，陈氏果然就杀了齐君简公，自己取而代之。《庄子·胠箧》中说：

原来姜姓的齐国有方圆两千余里，邻邑相望，鸡狗之音相闻，宗庙、社稷，治邑、屋、州、闾、乡、曲等建制，都依照圣人的遗法。可是田成子杀了国君以后，不只占有了齐国，同时也将古代的宗法、礼义等一同盗去了。所以他有盗贼的名声，但却比尧舜还安稳。小国不敢议论他的行径，大国不敢讨伐他，世世代代拥有了齐国。

五　中国的马基雅维利——商鞅与韩非

15 世纪的意大利人文主义者马基亚维利曾写过一部惊世骇俗的书——《君主论》，被称为是对政治斗争技巧的最独到、最诚实的“验尸报告”。在当时的历史条件下，马基雅维利面对意大利长期的分崩离析，希望有一个强大的君主出来，运用他强大的不受限制的权力，使用公开的或隐蔽的手段，来结束分裂的局面。书中名言：“为达目的，不择手段。”任何人都是君主手下的棋子，可以随意地摆弄。

战国时代的法家人物，基本上属于阿诺德·汤因比爵士所说的“内部无产者”阶层。在古代，由于实行嫡长子继承的原则，所以祖先可能有很大的财富，但如果不是长子，那么名誉、地位、财产等对于庶出的子孙来说，就完全是“身外之物”了。所以从血统上来说，他们是贵族；但从支撑贵族身份的财富来衡量，他们是“内部无产者”。

这些“内部无产者”在讲究等级秩序的春秋社会中，基本上属于被压抑的阶层。他们不是支撑家族的树干，而是附于其上的枝叶，慢慢地丢掉了自己的姓氏，“五世而斩”，从自己家族的“干”上脱落下来。但到了战国社会，这些庶出的子孙开始利用时代给予的机会，通过“变法”运动，目的在于形成强大的中央集权和造就伟大的君主，向那些旧贵族展开夺权斗争。所以史书上出现的法家，个个都是“刻薄寡恩”，为了法律，斩断一切“尊尊亲亲”的纽带。他们的举止行为与中国古代讲究礼仪的传统很不相侔，但采纳变法主张的国家却大都实现了“富国强兵”

的目标。

旧贵族是历史和传统造成的，他们数量庞大，而法家大都是人单势孤。其结果正如韩非在《孤愤》中所分析的，“能法之士”有“五不胜”之势，如掌权大臣与君主关系之密切，为人主所信赖，官爵贵重，朋党众多；而法术之士与人主没有什么信爱之亲，“处势卑贱，无党孤特”，而且法术之士一年中也难见到君主，而大臣则旦暮相见……所以韩非说，有这“五不胜”，同时又与执政大臣势不两立，法术之士怎能不发生危险？可以说韩非非常清楚战国法家的悲剧性结局。关于导致悲剧因素的分析在其书中随处可见，如《说难》中分析说服人主的困难竟有四十几条，但是他最终也没有逃脱这一悲剧。

早期著名的法家人物是商鞅，他本来是卫国的庶公子，后来到魏，魏不能用，听说秦孝公举贤才，于是去秦。三说秦孝公，得到支持，主张变法。商鞅在秦国奖励耕战，信赏必罚，设立军功爵，后来秦国成为战国舞台上首屈一指的强国。

古代的老子曾主张，老百姓之所以难于治理，是因为“智多”，所以统治者“非以明民”，而是“将以愚之”。《商君书》中发挥这一思想，让老百姓“不贵学问”，“民不贵学则愚，愚则无外交（交者，接也，不与外物接）。”只知道为国家垦荒，使其敦朴信实，这样老百姓就容易治理了。商鞅对“信”的强调与儒家不同，在《修权》中说：

> 国之所以治者三：一曰法，二曰信，三曰权。法者，君臣之所共操也；信者，君臣之所共立也；权者，君之所独制

> 也。人主失守则危，君臣释法任私必乱。故立法明分而不以私害法则治，权制独断于君则威，民信其赏则事功成，信其刑则奸无端。惟明主爱权重信而不以私害法。

商鞅将国家大治的纲领归为三条：一是法律，二是信义，三是权力。法律是君臣共同操持的治国工具，信义也是君臣之间共同确立的，而权力则为君王个人所垄断。如果君王丧失了权力，那么自身就危险了。如果君臣放弃了法律而逞其私智，那么国家就会大乱。所以立法，明确人们的职分而不是以私害法，那么国家就会得到治理，权力专断于君主，那么君主就有威严。老百姓相信赏赐就可以建立功劳，相信刑罚那么就杜绝了作奸犯科之事。只有贤明的君主才能够掌握权力、重视信义而不以私害法。

商鞅的“信”，实际上是“行法以信”“信法在君”“信赏必罚”的意思。目的是确立法律的权威，使君臣“不以私害法”，百姓相信法律的绝对性。据《史记·商君列传》记载，新法推行之初，老百姓怀疑统治者的诚意。于是商鞅就在南门放一根木头，下令说：“如果谁能将其扛到北门，赏十金。”大家议论纷纷却无人行动。于是又下令：“赏五十金。”一会儿，一个壮汉出来，将木头扛到北门，商鞅果然赏给五十金。于是老百姓纷纷传扬此事，开始相信新法。行之十年，秦国大治。司马光在《资治通鉴》卷二中评价说：

> 夫信者，人君之大宝也。国保于民，民保于信。非信无以使民，非民无以守国。是故古之王者不欺四海，霸者不欺四邻，善为国者不欺其民，善为家者不欺其亲。不善者

反之，欺其邻国，欺其百姓，甚者欺其兄弟，欺其父子。上不信下，下不信上，上下离心，以至于败。所利不能药其所伤，所获不能补其所亡，岂不哀哉！昔齐桓公不背曹沫之盟，晋文公不贪伐原之利，魏文侯不弃虞人之期，秦孝公不废徙木之赏。此四君者，道非粹白，而商君尤显刻薄，又处战攻之世，天下趋于诈力，犹且不敢忘信以畜其民，况为四海治平之政者哉！

司马光认为："信者，人君之大宝也。"国家要靠老百姓来保护，而老百姓的拥护则靠"信"来维系。不讲信义就无法使唤老百姓，没有百姓就无法守护自己的国家。所以古代的先王们不欺骗四海之内的人民，霸主们不欺骗邻国，善于治理国家的君主不欺骗自己的百姓，善于治家的不欺骗自己的亲戚。而最糟糕的是那些不讲信义的"不善者"，他们反其道而行之，欺骗邻国，欺骗百姓，甚至于欺骗兄弟、父子，上下彼此不相信，离心离德，直至灭亡为止。但是靠欺骗而获的利远远不能治疗其所带来的伤害，更不能弥补其重大损失，这不是深可哀痛的吗！春秋时代有齐桓公、晋文公，战国时代有魏文侯、秦孝公，即使他们所奉行的治国之道不一定完全值得赞美，但他们都是讲求信义的明君。商鞅治国虽然刻薄寡恩，又处于讲求诈力的战国时代，尚且不忘以信义来治理百姓，更何况在太平之世治理国家的人呢？

商鞅认为，要实现"富国强兵"的目标，以下"十种"必须彻底清除，即：诗、书、礼、乐、善、修、仁、廉、辩、慧（《商君书·农战》），这基本上是先秦儒家、墨家、名家等所奉的教义。在《靳令》中又换了一种说法，“礼乐、诗书、修善、孝弟、诚信、贞廉、仁义、非兵、羞战”为“六虱”，“国有十二者，上无使农战，必贫至削。十二者成群，此谓君之治不胜其臣，官之制不胜其民，此谓六虱胜其政也。”这些法令彻底根除了人的血缘纽带，与人们所奉行的习俗传统做了彻底的决裂。商鞅关于政治的理想状态是：

圣人之为国也，壹赏，壹刑，壹教。

这实际上也就是法家主张的人的全部生活。人民只是会说话的工具，用心于农、战则赏，用心于末业、怯于攻战则罚。法家强调“重罚轻赏”：“明赏之犹，至于无赏也；明刑之犹，至于无刑也；明教之犹，至于无教也。”《赏刑》释“壹教”说：“所谓壹教者，博闻、辩慧、信廉、礼乐、修行、群党、任誉、清浊，不可以富贵，不可以避刑，不可独立私议以陈其上……然富贵之门，要存战而已矣。”但商鞅何以将“诚信”也作为“六虱”之一呢？在他的学说中，老百姓应该服从于国家，尽心于耕战，除此之外就不应该有其他的价值观念和伦理义务。

《史记·商君列传》中记载商鞅趁东邻魏国被齐国挫败之机，准备夺取西河之地，可魏军统帅是商鞅的同学公子卬。于是商鞅遣使说，我们曾是同学，希望你前来讲和，签订盟约。公子卬自然乐于接受，于是前来，但是盟约刚刚签订，刀斧手从帐下冲出，活捉了他。商鞅趁魏军群龙无首之际，向魏军发动进攻，终于夺取了西河，并迫使魏将都城东迁。这对于那位倒霉的魏将来说，是个人之间的“小信”导致了破军杀将这一不幸的结局，但同时也看出商鞅学说的特点，为了朋友（也许是同国，也许是敌国）之间的“诚信”而断送国家利益，那么这种“诚信”就不只是寄生在人体上的“虱子”了，简直是祸国殃民。

但是商鞅之法太残酷、太细密，“连坐”“族诛”之类太多，使人生活在法律的恐怖之中。后来孝公死后，太子即位。原来受过刑的太子的老师开始报复，最后商鞅被车裂而死。

战国时代的韩国是一个积贫积弱的小国，“地狭人众”，后来申不害变法，讲求“术”。据《淮南子》中说，韩原来是晋国韩大夫的封地，在其境内，既有晋的“旧”法，同时也有韩的“新”法。后来韩的庶出公子韩非吸取了商鞅的“法”、申不害的“术”和齐稷下学派法家慎到的“势”，成为战国法家的集大成者。

韩非曾与李斯一同向荀子学习“帝王之术”。《韩非子》共五十五篇，记载了许多法家的思想和富国强兵的主张，如加强君权、抑制大臣势力、重用法术之士、奖励耕战，等等。同时在《说林》《外储说》《喻老》中记载了许多古代的阴谋诡计，这些阴谋诡计被韩非称为“术”，实际上也就是商鞅所说的“权”，“权”是“权术”之意，是“君之所独制”的东西。如《内储说上·七术》中记载了“指鹿为马”的最早版本：

> 子之相燕，坐而佯言曰：“走出门者，何白马也？”左右皆言不见。有一人走追之，报曰：“有。”子之以此知左右之不诚信。

文中的“子之”是燕国的相国，据说很有治国才能，燕王哙后来听别人的蛊惑将王位“禅让”给了他。但从上述引文来看，子之也属于古代阴谋家之类。上文记述子之在朝堂之上，无中生有地说：“跑出门去的，是不是白马？”左右大臣根本没有反应过来，都说没有看见，有一人反应比较敏捷，跑出去做追赶状，回来报告子之说：“有。”子之通过这一骗术知道他的左右大臣们“不诚信”。对阴谋家来说，“诚信”的意思是对己有用，在这里“诚信”与欺骗实际上是同义语。无独有偶，在秦二世时代的宦官赵高也如法炮制出一个“指鹿为马”的幽默来，在这个黑色幽默中，“指鹿为鹿”的人都被他害了。

在《韩非子》书中，韩非反复强调“能法之士”与执政大臣之间的不相容，其原因在于这些执政大臣是既得利益者，为了一己之私而出卖国家利益，卖主求荣，即《有度》所云：“卑主之名以显其身，毁国之厚以利其家”，因此主张“严刑峻法”，“明主使其群臣不游意于法之外，不为惠于法之内”，“法不信，则君行危矣；刑不断，则邪不胜矣”。《扬权》说：

> 故曰：毋富人以贷焉，毋贵人而逼焉，毋专信一人而失其都国焉。腓大于股，难以趣走。主失其神，虎随其后。主上不知，虎将为狗。主不蚤止，狗益无已。虎成其群，以弑其母。为主而无臣，奚国之有？主施其法，大虎将怯；主施其刑，大虎自宁。法制苟信，虎化为人，复反其真。

这段话类似于古老的神喻，大意是说，君主如果使大臣富、贵、权重，这样臣就可以逼君，而丧国家之权。大臣就像老虎一样等着机会到来，开始这些“虎”像“狗”一样顺从，人主疏忽大意，这些“狗”们交结朋党，等到成群以后，就又恢复到了“虎”的模样，开始吃人了。所以人君一定要“严刑峻法”，这样“虎”才化为“人”，君臣之间才能相安无事。《备内》中说：“人主之患在于信人。信人，则制于人。人臣之于其君，非有骨肉之亲也，缚于势而不得不事也。故为人臣者，窥觇其君心也，无须臾之休，而人主怠傲处其上，此世所以有劫君弑主也。”所以韩非主张有明主而无贤臣，有“执法之吏”而无“以智持国”的大臣。

在《韩非子》书中记载了一些小故事，帮助说明“信”这个话题。如前文所说的“曾子杀彘”说明培养“小信”对理解“信赏必罚”这样的“大信”的意义。“小信成，则大信立，故明主积于信。赏罚不信，则禁令不行。”在《外储说》中记载了晋文公与箕郑的一段对话：

> 曰：“救饿奈何？”对曰：“信。”公曰：“安信？”曰：“信名，信事，信义。信名，则群臣守职，善恶不逾，百事不怠；信事，则不失天时，百姓不逾；信义，则近亲劝勉而远者归之矣。”

晋文公问：“怎样解决老百姓的饥馁之患呢？”箕郑回答说：“信。”“怎样才叫信？”回答说：“信名、信事、信义。信名，就是使群臣各守其职，善事、恶事都不过分，百事不懈怠。信事，是使百姓不违春种秋收等农时，不过分使用民力。信义，是使亲近的人得到勉励而远方之人来归顺。”

从其书中可知，韩非是非常精通权术之中蕴含的阴阳消长之理的。在《说难》中他曾列举了四十多种说服人的方法和谋臣策士们可能会遇到的危险，但一旦实行起来，却反受其害，所以有人称其为“理论的巨人，行动的矮子”。如扬雄在《法言·问明》中说，韩非作《说难》，而其最后死在“说”上，是因为他自己没有基本的价值观念，不懂得礼义进退之道，所以在说服君主的时候显得不自信，总是担心自己的说教是否合乎君主的心思，看人家的脸色行事，这就是“说不由道”，主动权没有掌握在自己的手中。而司马光对他的评价就更苛刻了，说：“臣闻君子亲其亲以及人之亲，爱其国以及人之国，是以功大名美而享有百福也。今非（韩非）为秦画谋，而首欲覆其宗国，以售其言，罪固不容于死矣，乌足愍哉！”（《资治通鉴》卷六《秦纪一》）是说韩非为了自己的“道”，对国家的忠信之情都不要了，这在古代被视为“卖国求荣”的“奸贼”。但是我们看《韩非子》中的《初见秦》《存韩》等篇，不难理解韩非当时所面临的两难选择，既要说服秦王政采纳自己的学说，又要保住自己的邦家。而后来李斯陷害韩非，其最恶毒的借口也是因为他是韩国人，“终为韩而不为秦”，最后韩非是被逼自杀的。韩非的悲剧也是法家人物整体悲剧的一个缩影。

参考文献

杨伯峻：《春秋左传注》，中华书局 1981 年 3 月版。

《论语译注》，中华书局 1981 年 12 月版。

《孟子译注》，中华书局 1996 年版。

沈玉成：《左传译文》，中华书局 1981 年版。

何建章：《战国策注释》，中华书局 1990 年版。

王先谦：《庄子集解》，上海书店影印《诸子集成》1986 年版。

高诱（注）：《吕氏春秋》，上海书店影印《诸子集成》1986 年版。

扬雄：《法言》，上海书店影印《诸子集成》1986 年版。

孙诒让：《墨子间诂》，上海书店影印《诸子集成》1986 年版。

刘义庆：《世说新语》，上海书店影印《诸子集成》1986 年版。

陈奇猷：《韩非子集释》，上海人民出版社 1973 年版。

张觉：《荀子译注》，上海古籍出版社 1996 年版。

蒋礼鸿：《商君书锥指》，中华书局 1986 年版。

王利器：《新语校注》，中华书局 1996 年版。

赵仲邑：《新序详注》，中华书局 1997 年版。

司马光：《资治通鉴》，中华书局 1997 年版。

司马迁：《史记》，中华书局 1989 年版。

班固：《汉书》，中华书局 1989 年版。

范晔：《后汉书》，中华书局 1993 年版。

陈寿：《三国志》，中华书局 1993 年版。

施耐庵：《水浒传》，人民文学出版社 1997 年版。

罗贯中：《三国演义》，人民文学出版社 1997 年版。

臧晋叔：《元曲选》，中华书局 1958 年版。

贺麟：《文化与人生》，上海书店 1991 年 3 月版。

梁启超：《先秦政治思想史》，东方出版社 1996 年版。

郭沫若：《郭沫若全集》历史编《十批判书》，人民出版社 1982 年版。

刘元彦：《杂家帝王学——吕氏春秋》，三联书店 1993 年版。

宫达非等（主编）：《儒商读本》（内圣、外王、人物卷），云南人民出版社 1999 年 3 月版。

汪辟疆：《唐人小说》，上海古籍出版社 1984 年版。

军事科学院《中国军事史》编写组（编）：《武经七书注译》，解放军出版社 1991 年版。

后记

去年八月份接到北京语言大学韩德民教授的来信，告知拙著《信义与追求》将在北京联合出版公司出版，当然很高兴。拙著是德民兄主编的几部书之一，从写完到现在已经整整二十年了，真令人感慨时光如白驹过隙，一时间许多美好的回忆也涌现出来了。

我于 1998 年重新考入北京大学中文系，攻读博士学位。第二年班主任傅刚先生将《信义的追求》一书的写作任务交给了我，同时将主编意见交代给了我，说要“深入浅出”，于是就写成了现在这个样子。其间骑着自行车多次往返北大校园与五道口北语宿舍，与德民兄交流意见及心得。德民兄哲学系出身，注重概念和逻辑体系，每次交流都能碰撞出火花，留下了很好的回忆。

信义主要是社会伦理与交往理论，与忠义、孝义等君臣、家庭伦理不同，注重“朋友有信”这一伦。在本书中，我举了很多具有故事性的例子，主要是为了增加可读性和趣味性；同时，也对古代哲学家的信义观进行了分析。二十多年前的思潮中，重商主义盛行，所谓“亚洲四小龙”是现成的样板，所以德民兄特意嘱咐要写上“儒商”这一章。现在经过改革开放四十年的经济发展，什么“小龙”之类已为国人所忘记，中国国内生产总值已跃居世界第二，但国内经济发展并不均衡，这一现状的背后不一定就没有信义这一道德因素在起作用——富裕发达地区往往也是最讲究道德诚信的地区。这让我切身体会到诚信作为商业伦理的首要价值。

读者可能会关心，写完这本书之后你干吗去了。我 2001 年 7 月博士毕业以后去了首都师范大学出版社工作，工作不到一年重新回到青岛大学文学院，从事教学科研工作。2008 年初作为“高水平人才”到杭州师范大学“科研岗”上专门从事研究工作，发表或出版内容严肃、注重考据的科研论著，也取得了一些成绩。先后独自完成三项国家社科基金项目，以及教育部、浙江省及杭州市哲社项目多种。从到杭州工作那一天起，就再也没写深入浅出的文章。因此这部著作是我青年时代的珍贵纪念，感谢德民兄，感谢责任编辑。

张树国
2019 年 2 月 23 日于杭州青枫墅园

图书在版编目（CIP）数据

信义与追求 / 张树国著．—北京：北京联合出版公司，2019.10
(国学关键词著述 / 韩德民主编)
ISBN 978-7-5596-3530-3

Ⅰ．①信… Ⅱ．①张… Ⅲ．①品德教育－研究－中国 Ⅳ．① D648

中国版本图书馆 CIP 数据核字 (2019) 第 175715 号

信义与追求

著　　者：张树国
主　　编：韩德民
策划统筹：北京凤凰壹力文化发展有限公司
责任编辑：李　红　徐　樟
特约编辑：蔡时真
封面设计：张　凯
版式设计：鹏飞艺术　周　丹

北京联合出版公司出版
(北京市西城区德外大街 83 号楼 9 层　　100088)
三河市中晟雅豪印务有限公司　　新华书店经销
102 千字　　960 毫米 ×640 毫米　　1/16　　12 印张
2019 年 10 月第 1 版　　2019 年 10 月第 1 次印刷
ISBN 978-7-5596-3530-3
定价：38.80 元